Sebastian Painadath SJ

Erkenne deine göttliche Natur

55 Meditationen

Vier-Türme-Verlag

Bibliographische Information der Deutschen Nationalbibliothek

Die Deutsche Nationalbibliothek verzeichnet diese Publikation in der Deutschen Nationalbibliographie. Detaillierte bibliographische Daten sind im Internet über http://dnb.d-nb.de abrufbar.

Ohne Folie
Für unsere Umwelt

MIX
Papier aus verantwortungsvollen Quellen
FSC® C014889
FSC
www.fsc.org

in Deutschland produziert

3. Auflage 2021

Die erste Auflage des Buches ist 2006 unter dem Titel »Befreiung zum wahren Leben« beim Kösel Verlag, München, erschienen.

Lektorat: Marlene Fritsch
Gestaltung: Matthias E. Gahr
Umschlagmotiv: linjerry / Fotolia.com
Druck und Bindung: Pustet, Regensburg

ISBN 978-3-7365-0025-9
www.vier-tuerme-verlag.de

Inhalt

für Margarete und Werner Schneider
Weggefährten in meinem geistlichen Leben
seit 45 Jahren

Einführung

Dieses Handbuch der Meditation zur geistlichen Selbsterkenntnis wurde eigentlich nicht allein von mir verfasst. Es ist aus den vielen Meditationskursen entstanden, die ich in den letzten 35 Jahren in Indien und in den deutschsprachigen Ländern Europas gehalten habe. Die Erfahrungen und Rückmeldungen der Teilnehmerinnen und Teilnehmer haben maßgeblich zu seiner Gestaltung beigetragen. So gesehen ist es ein Buch, das aus gelebter Praxis Gestalt gewonnen hat. Bei den vielen geistigen Mitpilgern und Freunden bedanke ich mich für ihre Begleitung und Ermutigung.

Ich habe vier Probleme des geistlichen Lebens festgestellt, die viele ernsthaft suchende Menschen immer wieder formulieren:

- Ich kann nicht beten, weil ich nicht zur Ruhe kommen und innerlich nicht gesammelt bleiben kann.
- Ich meditiere gerne ohne Gegenstand, aber Gott erscheint kaum auf meinem inneren Weg.
- Ich kann auf Gott hin meditieren, aber ich erfahre nicht Christus auf dem Weg der Versenkung.
- Ich genieße die Stille, aber mir gelingt die Verbindung zwischen Meditation und Alltag nicht.

Es geht hier grundsätzlich um das Problem der personalen Gottesvorstellung. Viele Menschen finden kaum zu einer inneren Begegnung mit dem personalen Gott, wie ihn der traditionelle christliche Glaube zu vermitteln versucht. Ist dies ein Verlust an Glauben oder kann man es als ein Zeichen des geistigen Reifungsprozesses betrachten? Manche lassen sich von den Meditationsmethoden der östlichen Religionen faszinieren. Leider wird die östliche

Mystik aber oft auch als Verleugnung des Glaubens missverstanden, weil das Wesen der christlichen Spiritualität einseitig als eine Begegnung mit dem personalen Gott verstanden wird. So höre ich den Vorwurf, Annäherung an die östliche Meditationstradition sei ein Verrat des christlichen Glaubens! Dagegen frage ich mich: Kann nicht eine intensive Begegnung mit der östlichen Mystik die christliche Spiritualität befruchten, vertiefen und erweitern? Im vorliegenden Buch wird dieser Frage nachgegangen. Im heutigen Zeitalter des Dialoges scheint dieses Anliegen enorm wichtig zu sein. Meine jahrelange Erfahrung im Umgang mit den Hindus in Indien hat mir geholfen, die mystische Dimension der christlichen Spiritualität wachzurufen.

Eine Grundfrage, die viele Christen heute stellen, lautet: Wo und wie erfahren wir Christus? In den herkömmlichen Formen der Christusfrömmigkeit wird oft betont: Wir erfahren ihn

- im Jesus der Geschichte, dem man in die Vergangenheit zurückblickend begegnet,
- im Christus des Glaubens, den man als *Du* betrachtet und anbetet,
- in Christus, dem Herrn der Welt, den man sich in den himmlischen Höhen vorstellt,
- in Christus als Gegenstand der Verehrung oder Gestalt der Nachahmung,
- in Christus, dem einzig wahren Erlöser im Gegensatz zu den anderen Erlösergestalten.

All diese Aspekte sind wichtige Bestandteile im Vollzug des Glaubenslebens. Trotzdem verlangen die christlichen Mystiker und Mystikerinnen einen tieferen Zugang zur Christuserfahrung:

- Christus ist Gott-in-uns hier und jetzt.
- Christus ist Gott-mit-uns in der Tiefe der Gegenwart.
- Christus ist die Gegenwart des mit uns leidenden und unser Leben neu gestaltenden Gottes.
- Christus ist Erlöser im Prozess der universalen Heilsgeschichte, in welche die Weltreligionen als Bestandteile einbezogen sind.

Die im Folgenden angebotenen Meditationsübungen basieren auf diesem mystischen Ansatz des Christusverständnisses. Der Übende erfährt Christus als Gegenwart Gottes in der göttlichen Tiefe der Gegenwärtigkeit. Ein solcher Zugang verleugnet nicht die Heilsgestalten der anderen Religionen, sondern achtet sie als Vermittler der Gott-Mensch-Begegnung in den Herzen der Menschen. In den spirituellen Erfahrungen der andersglaubenden Menschen habe ich echte Heilserfahrung gespürt und in ihren Schriften die Offenbarung des Wortes Gottes erkannt.

Erst in tiefer Stille wird uns ein mystischer Zugang zur Christuserfahrung geschenkt. Daher wird in den Übungen viel Wert auf Stille gelegt, die eigentlich bedeutet:

- Man erlebt die Stille im ganzen Leib.
- In der Stille nimmt man sich ehrlich wahr, wie man geworden ist.
- Es geht um die Stille, die den Übenden zum Hörer der inneren Stimme macht.
- Es ist eine Stille, in der man dem Geist Raum gibt.
- In der vom Geist getragenen Stille erfährt man die Einheit mit dem Seinsgrund, den Einklang mit der göttlichen Seinsdynamik.
- In der Stille erlebt man eine Harmonie mit allen Wesen.

In dieser ganzheitlichen Stille lässt sich der Übende auf einen inneren Pilgerweg ein. Die Meditation ist der Weg nach innen, zu den tiefen Schichten des Bewusstseins, zu dem Innenraum, den Jesus als die *innere Kammer* bezeichnete (Mt 6,6). So gesehen ist die Meditation ein Prozess der Versenkung,

- ein Begleitetwerden vom inneren göttlichen Meister,
- eine Verwandlung von der Isolation im kleinen Ich zur All-Einheitserfahrung,
- eine Verwurzelung im göttlichen Seinsgrund,
- ein Hineintauchen in die verborgene göttliche Quelle,
- eine Erkenntnis des Durchlichtetwerdens vom göttlichen Licht,
- eine Erfahrung des Mitschwingens mit der innergöttlichen Seinsbewegung.

Mystiker und Meister der Religionen bezeichnen den Versenkungsweg als einen inneren Gang durch die verschiedenen Schichten des Bewusstseins. Grundsätzlich könnte man von vier Bereichen sprechen:[1]

Der Mentalbereich: In diesem Bereich herrscht die alles vergegenständlichende Denkart des Verstandes. Begriffe und Gefühle, Fantasien und Vorstellungen, Entschlüsse und Erwartungen entstehen auf dieser oberen Ebene des Verstehens und Wollens. Die Zerstreuungen während der Meditation melden sich in diesem Bereich. Der Verstand vergegenständlicht alles, auch Gott. Daher entfaltet sich auf dieser Bewusstseinsebene eine unerlässliche Ich-Du-Beziehung mit Gott.

Der psychische Bereich: Das Voranschreiten zu den tieferen Schichten des Bewusstseins ist ständig von Faktoren des Unterbewusstseins beeinflusst. Im Verlauf der Meditation tauchen aus dem psychischen Bereich Bilder und Erinnerungen auf, die den Prozess fördern oder hemmen. Der Gang durch diesen *inneren Dschungel* kann manchmal sehr mühsam werden. Hierfür braucht der Übende viel Vertrauen auf den göttlichen Meister und die Zuversicht, dass man nicht ins Bodenlose sinkt. Dabei helfen die Meditationssymbole und Glaubensbilder.

Die intuitive Wahrnehmung: Mystiker und Meister aller Religionen sprechen von einem intuitiven Erkenntnisvermögen, das tief in uns vorhanden ist. Im Osten heißt es *buddhi*, im Westen *nous*; es wird oft als die innere Flamme oder das innere Auge dargestellt. Im Gegensatz zum Verstand ist dieses mystische Organ auf die Wahrnehmung der Einheit angelegt. Weit mehr als eine Begegnung mit dem personalen Gott, erwacht hier die Erfahrung der Einheit mit dem transpersonalen Seinsgrund, des Einklangs mit der göttlichen Seinsdynamik: die Erkenntnis, dass Gott *Geist* ist, das heißt dynamische Präsenz.

Der Herzensraum: Mit dem mystischen Erkenntnisorgan schaut man in die innere Kammer, die der sakrale Raum in uns ist. In allen Religionen wird er als *Herz* bezeichnet. Dies ist der eigentliche Ort der Gotteserfahrung. Hier erkennt man das eigene wahre Selbst durchlässig für das göttliche Selbst, die eigene Seele im Einklang mit der Seinsdynamik des göttlichen Geistes. Der Versenkungsweg führt letztlich zu dieser *unio mystica*.

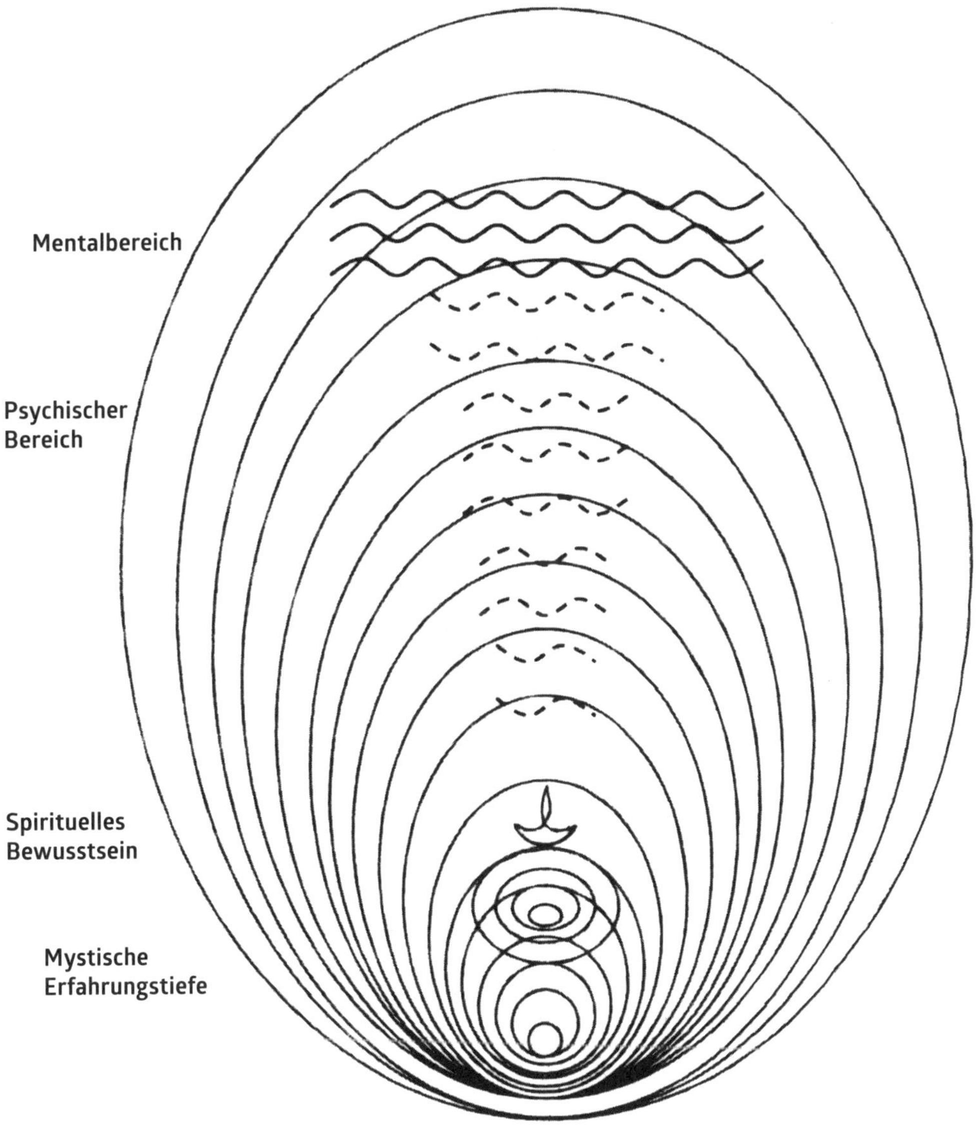
Mentalbereich
Psychischer Bereich
Spirituelles Bewusstsein
Mystische Erfahrungstiefe

Der ganze Weg nach innen entfaltet sich in Stille, in tiefer kontemplativer Stille. Auf dem inneren Weg erlebt man die Stille in verschiedenen Intensitäten.

- Zunächst entsteht im Mentalbereich eine Stille mit dem Innehalten im Schweigen.
- Diese Stille wird durch das geerdete Sitzen, die Leibwahrnehmung und vor allem durch das bewusste Atmen vertieft.
- Wenn man mit den psychischen Faktoren konfrontiert ist, nimmt man archetypische Symbole, um die Stille zu verdichten und sich auf die Tiefe hin zu fokussieren.
- Wenn das Bewusstsein weiter sinkt und die intuitive Wahrnehmung berührt, wird es eine Hilfe sein, das Mantra *OM* zu summen, damit man in das göttliche Schwingungsfeld hineinkommt.
- Sodann führt das Summen des Namens Jesu zu einem Christusbewusstsein im Herzensraum.
- In der Tiefe wird die Stille so dicht sein, dass alle Namen und Formen, Bilder und Symbole zurückbleiben: Nur eine pure Präsenz ist spürbar. Das wahre Selbst kommt in Einklang mit der Seinsdynamik des göttlichen Selbst. Solche Momente sind kurze begnadete Augenblicke, die allerdings dem Leben Halt und Freude verleihen.

Auf dem inneren Weg sei es empfohlen, bestimmte Symbole aufzunehmen, um zielgerichtet innere Schritte zu machen. In diesem Buch werden einige Symbole angeboten, die aus der christlichen und anderen Traditionen stammen und einen archetypischen Charakter haben. In den Meditationsübungen nimmt man das Symbol nicht als einen Gegenstand der Betrachtung, sondern man lässt das Symbol den Übenden in die Tiefe führen. Es geht nicht um eine Vorstellung dieser Bilder in der Fantasie, sondern um die Selbstidentifikation mit diesen Bildern. Der Übende wird zum Baum oder Quellbrunnen, zum Weizenkorn oder Lichtstrahl. Nur dann kann er den mit dem Symbol verbundenen Verwandlungsprozess erleben. An der Stelle eines aktiven Engagement des Verstandes soll hier eine rezeptive Haltung die Übung prägen. In diesem Prozess lässt man dem Geist Raum.

Die symbolbezogenen Meditationen sind eigentlich keine Techniken, die einen Heilszustand erzeugen, sondern Wege zur tieferen Wahrnehmung des Heilsprozesses, der in uns immer geschieht. Symbole machen den Übenden aufnahmebereiter für den verwandelnden Geist Gottes. Symbole vereinigen (*syn-ballein*) die verschiedenen Aspekte des geistlichen Lebens.

Letztlich geht es um die Erfahrung der All-Einheit: um Harmonie mit allen Wesen im dynamischen göttlichen Seinsgrund. Zu dieser Heilserfahrung begleiten uns die Mystiker der Religionen. Darum sind die Symbole aus den Klassikern der Mystik aufgegriffen:

- *Baum* und *Quellbrunnen* aus dem Johannesevangelium,
- *Weizenkorn* im Blick auf die Texte von Meister Eckhart,
- *Licht* in Bezug auf Johannesevangelium und Paulusbriefe,
- *Das alte und neue Leben,* entnommen aus den Briefen des Paulus,
- *Meister* im Blick auf die Bhagavad Gita.

In Bezug auf Gotteserfahrung wird in diesen Übungen ein bewusstes Umschalten spürbar:

- von vergegenständlichender Denkart zur verinnerlichten Wahrnehmung,
- von der personifizierten Gottesvorstellung zum Erfassen des transpersonalen göttlichen Geheimnisses,
- von Gott als Objekt der Verehrung zum Göttlichen als Subjekt der Erfahrung,
- von der dualistischen Frömmigkeit zur mystischen Einheitserfahrung,
- vom mentalen Bereich zur *buddhi/nous.*

Damit ist nicht der Wert der Ich-Du-Beziehung mit Gott geleugnet, sondern sie wird als Einstieg auf dem spirituellen Weg ernstgenommen. Allerdings wird hierbei die ständige Herausforderung der Mystiker geachtet: Geh über alle Bilder hinaus! Der dynamischen Gegenwart des göttlichen Geistes ganz gegenwärtig zu sein, dem »aus unseren Herzen wortlos seufzenden Geist« (Röm 8,26) Raum zu geben – darum geht es in den Übungen. Wahre Gottesbegegnung geschieht »in Geist und Wahrheit«, nicht so sehr in Tempeln und Riten (Joh 4,21–24). Durch die Meditation lässt man sich auf den Weg des Geistes ein, »der die Tiefen des Göttlichen erforscht« (1 Kor 2,10).

Was ist die Tiefe des Göttlichen? Darüber können wir nicht viel sagen; wir können nur staunend davon betroffen werden. In der mystischen Tiefenerfahrung, dass das Göttliche *Schwingung* ist, treffen sich alle Religionen: keine statische Wirklichkeit, sondern die Seinsdynamik. Der Verstand braucht personale Namen und feste Formen, um mit Gott in Beziehung zu treten. Das intuitive Wahrnehmungsorgan *buddhi/nous* aber spürt die transpersonale Gegenwart des Göttlichen als pure Präsenz, als eine enorme Seinsdynamik. Wie eine ständig sich ausgießende Quelle, wie das Wehen des Windes, wie die Schwingung des Lichtstrahls wirkt die göttliche Gegenwart in uns im Herzensraum und um uns überall im Kosmos. Wenn alles in Bewegung ist, wie die heutige Physik erkennt, dann ist das Göttliche die Urbewegung, der Primalantrieb. Die christliche Bezeichnung dafür ist: »Gott ist Geist« (Joh 4,24). Von seiner Herkunft weist das Wort *Geist* (*ruach/pneuma/spiritus/spirit* = Hauch, Atem) auf die inhärente Schwingung, die die göttliche Gegenwart eigentlich ausmacht. Gottes Sein ist im *Werden*. Es geht nicht um ein Werden als Bewegung von Potenzialität zur Aktualität – denn Gott ist *actus purus* –, sondern es geht um den Prozess der ganzheitlichen Selbstergießung: *Bonum est diffusivum sui*. So können wir die Bezeichnungen wie »Gott ist Liebe/Licht/Leben/Wahrheit« im dynamischen Sinn deuten. Auch die Beschreibung des göttlichen Geheimnisses als Dreifaltigkeit weist auf die innere Seinsdynamik. Vater, Sohn und Geist sind in einer gegenseitig durchdringenden Bewegung (*circumincessio*), in einem ewigen Tanz (*perichorese*). Lange bevor das Konzil von Nicäa die Trinität mit dem Dreipersonenbegriff zu deuten versuchte, hatten die Kirchenväter wie Origenes, Tertullian, Hyppolitus und Ambrosius mit poetischen Bildern das unfassbare Geheimnis der Dreifaltigkeit beschrieben. Es ist heute wichtig, dass wir die Dynamik dieser Bildsprache in der christlichen Mystik neu entdecken, damit unsere Gotteserfahrung auf die *Länge und Breite*, *Höhe und Tiefe* des Geheimnisses hin ständig wächst und unser Herz öffnet. Alle hier angegebenen Meditationen sind letztlich zu dieser Öffnung des Herzens gedacht.

In allen Übungsreihen ist der folgende Grundrhythmus erkennbar:

- sich bejahen, wie man geworden ist;
- sich dem inneren göttlichen Meister anvertrauen;
- sich einswerden lassen mit dem göttlichen Grund;
- sich annehmen im Verwandlungsvorgang des Geistes Gottes;
- den Kosmos in der Dynamik des Göttlichen betrachten;
- sich für die neue Schöpfung des Geistes einsetzen.

Der göttliche Meister führt den Suchenden von der ehrlichen Selbstannahme zur Einheitserfahrung und zu einem befreienden Weltbewusstsein. Dabei gibt es eine erste Phase des

Eintauchens in die Tiefe der Gegenwart Gottes und eine zweite Phase des Auftauchens zum Einsatz für die Welt; die eine liegt in der Hinwendung zur göttlichen Mitte (Kontemplation) und die andere in der Zuwendung zur Welt (Aktion).

In der ersten Phase könnte man erleben:

- die *Selbstannahme*: Ich bin, der ich geworden bin.
- das *Grundvertrauen*: Ich vertraue mich Gott in mir an.
- die *Einheitserfahrung*: Mein Leben entfaltet sich im göttlichen Lebensprozess.

In der zweiten Phase könnte man erfahren:

- die *Theopathie*: Gott leidet mit mir.
- die *Theosis*: Gott verwandelt mein Leben in göttliches Leben.
- die *Theophanie*: Gott scheint durch alles hindurch.

Der geistliche Weg hat eine zweifache Ausrichtung: den Weg nach innen und den Weg nach außen.

- In den ersten drei Übungsreihen geht es vor allem um den Weg nach innen zum inneren Raum der Stille (Kapitel I bis III).
- In den letzten beiden Übungsreihen geht es um den Weg nach außen zum Alltag in der Welt (Kapitel X und XI).
- Die sechs symbolbezogenen Übungen, die dazwischen angeboten werden, sollen dem Übenden helfen, den geistlichen Prozess deutlicher zu erleben (Kapitel IV bis IX).

Weg nach innen *Kapitel I–III*	**Symbole der Verwandlung** *Kapitel IV–IX*	**Weg nach außen** *Kapitel X–XI*
I. Leib: geerdet sitzen und den Leib erspüren	**IV. Baum:** verwurzelt sein	**X. Weg:** mit Gott unterwegs sein
II. Atem: den Atem wahrnehmen	**V. Quellbrunnen:** durchlässig sein	**XI. Jetzt:** mit allem tief verbunden sein
III. Mantra: mit Wort/Name/Mantra still werden	**VI. Weizenkorn:** verwandelt werden	
	VII. Licht: durchlichtet werden	
	VIII. Neues Leben: erfüllt werden	
	IX. Meister: begleitet werden	

In den Übungsanweisungen gilt es, die folgenden Elemente zu beachten:

SITZ	Aufrecht und entspannt, wenn möglich auf dem Boden sitzen.
ATEM	Entspannt und bewusst; mit dem Erspüren des Atemstroms im Leib ein- und ausatmen.
BESINNUNG	Der inneren Bewusstseinslage ehrlich nachspüren.
WAHRNEHMUNG	Oft mit dem Begleitbild verbunden die inneren Bewegungen achten.
BEGLEITBILD	Sich mit einem Bild identifizieren und den damit verbundenen Prozess intensiv erleben.
ÜBUNGSWORT	Das Wort oder Mantra ins Innere einwirken lassen; mit dem Atemzug wiederholen.

Ich empfehle folgenden Umgang mit den Übungsreihen:

- Es ist wichtig, die ersten drei Übungsreihen (Kap. I, II, III) gründlich zu praktizieren. Dafür sollte man sich längere Zeit nehmen und die Grundübungen mehrmals wiederholen, bis man spürt, dass eine tiefe innere Stille leichter ankommt.
- In diesem Innenraum der Stille darf man eines der sechs Symbole (Kap. IV, V, VI, VII, VIII, IX) aufnehmen, von dem man sich sehr angesprochen fühlt, und die damit verbundene Übungsreihe intensiv praktizieren. Man sollte so lange bei der Identifikation mit dem einen Symbol bleiben, bis man den Verwandlungsprozess tief erfahren kann.
- Erst danach sollte man zu den letzten zwei Übungsreihen (Kap. X, XI) kommen. Sie helfen dem Übenden, Gottes Gegenwart in der Welt intensiv wahrzunehmen und dementsprechend das Leben neu zu gestalten.
- Danach könnte man die anderen Symbole aufnehmen, damit sie den geistlichen Prozess vertiefen und verdeutlichen helfen. Es ist allerdings wichtig, dass man die Symbole nicht ständig wechselt. Jedes archetypische Symbol braucht eine gewisse Zeit, ins Innere einzuwirken und den geistlichen Verwandlungsprozess spürbar zu machen. Man muss lernen, mit einem konkreten Symbol zu leben, das dem inneren Prozess einen Anhaltspunkt und eine Klarheit verleiht.
- In all diesen Schritten darf man ständig nach innen horchen und spüren: Wohin führt mich der Geist Gottes? Was kommt in mir jetzt in Bewegung? Was geschieht tief in mir? Durchgehend soll der Übende in einer empfangenden Haltung bleiben. Er soll nicht das Gefühl haben, unter Leistungsdruck zu stehen. Jede echte geistliche Erfahrung ist Gnade: Der Geist Gottes ist der Wirkende, der Verwandelnde, das Subjekt unseres Seins.
- Bevor man eine Übung beginnt, ist es wichtig, den jeweiligen Reflektionsteil genauer zu lesen, damit der geistige Gehalt der Übung richtig verstanden wird. Die Zeichnung, die mit der Einführung zu jeder Übungsreihe angegeben ist, soll eine Hilfe sein, die Grundausrichtung der Übungen grafisch zu vergegenwärtigen.
- Wie lange kann eine Meditationssitzung dauern? Der Übende soll eigentlich über die Zeitdauer selbst entscheiden: nicht weniger als 30 Minuten und nicht länger als 60 Minuten. Es ist besser, täglich zu üben: am selben Ort, in der gleichen Körperhaltung, zum selben Zeitpunkt, wenn möglich in einer frühen Morgenstunde. Wachstum im geistlichen Leben setzt Askese und Disziplin voraus.

- Es ist sehr zu empfehlen, von Anfang an meditative Bilder zu malen. Es geht nicht darum, dass man zwanghaft nach jeder Übung zeichnet, sondern dass der Übende dem intuitiv aufleuchtenden Bild Raum gibt und Farbe verleiht: Nicht ich zeichne, *es* zeichnet. Auch die Deutung des Bildes soll in einer rezeptiven Haltung geschehen. An der Reihe der aus der Meditation entstandenen Bilder kann man den inneren geistlichen Werdegang erspüren und deuten. Hilfreich ist es auch, ein geistliches Tagebuch anzulegen sowie mit einem geistlichen Begleiter gelegentlich über die inneren Erfahrungen zu reflektieren.

Eine umfassende Abhandlung der Spiritualität ist nicht das Anliegen dieses Buches. Ich möchte es den Suchenden als Wegbegleiter mitgeben. Viele Menschen sind auf diesem Weg gegangen. Ihre Erfahrungen ermutigen mich, diese Übungsanweisungen breiteren Kreisen anzubieten. Ganz herzlich danke ich meinem Freund Elmar Rettelbach (Würzburg) für die Korrektur des Manuskripts und meinem indischen Mitbruder Roy Mathew für die geistvollen Zeichnungen. Die erste Auflage des Buches ist im Jahr 2006 beim Kösel Verlag, München, unter dem Titel »Befreiung zum wahren Leben« erschienen. Dem Vier-Türme-Verlag, Münsterschwarzach, bin ich dankbar für die Veröffentlichung dieser erweiterten Ausgabe des Buches.

Im Dezember 2015

Sebastian Painadath SJ

Sameeksha-Ashram,
Kalady, Indien

Mail spainadath@gmail.com

Weg nach innen

→ gründlich einüben,
bis Stille leichter ankommt
(tägl. 1/2 – max. 1 Std.)

I. Der Leib: Das Sein

In der ersten Reihe der Grundübungen geht es vor allem um die äußere und innere Haltung.

Äußere Haltung: Es ist wichtig, aufrecht, entspannt, fest und innerlich gesammelt zu sitzen. Der Rücken, der Nacken und der Kopf müssen aufrecht bleiben. Nur dann kann der Strom der Atemkraft die Wirbelsäule entlang ungehindert fließen und die Energiezentren aktivieren. Die Augen bleiben ganz geschlossen oder halb geöffnet.

Innere Haltung: Der Übende bejaht seine momentane Lage im Leben ganz und nimmt sich an, wie er geworden ist. Diese Selbstannahme bedeutet auch die Bejahung der eigenen Leiblichkeit und des Lebensumfeldes.

Durch das Hineinspüren in die Erde sowie das Durchspüren des Leibes erlebt man die tragende Stille der Erde und des Leibes. Die Erfahrung der Einheit zwischen der Erde und dem Leib verleiht dem geistlichen Prozess eine biologische Basis. In der tiefen Einheit mit der ganzen Schöpfung lässt man sich auf den Versenkungsweg ein.

- Ich setze den inneren Weg dort an, wo ich stehe.
- Ich sitze geerdet und mit allen Wesen tief verbunden.
- Wie ein Baum in der Erde verwurzelt, aufrecht und wach.
- Ich sitze in der Leibmitte verankert.
- Mich freudig annehmend spüre ich den ganzen Leib durch.

I.1

Sich annehmen

Geistliches Leben ist wie eine innere Pilgerreise. Der längste Weg, den wir je gehen können, ist der innere Weg zum wahren Selbst. Wenn wir uns auf diesen Weg begeben, dann werden wir fähiger, im gegebenen Augenblick ganz achtsam zu sein, der Gegenwart ganz gegenwärtig zu sein. Wer ganz in der Gegenwart verweilt, ist immer geistig unterwegs und doch immer am göttlichen Ziel. Der Weg ist bereits das Ziel.

Wo soll ich diese innere Pilgerreise beginnen? Dort, wo ich gerade stehe. Darum frage ich mich ehrlich: Wo bin ich in der Entfaltung meines Lebens angekommen? Was bewegt mich jetzt ganz tief? Welche sind meine Licht- und Schattenseiten? Mit Ehrlichkeit und Ernsthaftigkeit schaue ich mich an. Es geht hier nicht darum, eine Auswertung meines Lebensweges zu machen. Ich möchte nicht fragen, was ich vor Gott verdient habe oder welche Sünden ich begangen habe. Ich möchte mich einfach tief anschauen, mit dem göttlichen Auge anschauen. Ich möchte mich so annehmen, wie ich bereits von Gott angenommen bin. Ich habe Vertrauen in die innere Gegenwart Gottes, die mein Leben verwandelt, und zu mir, weil ich Gott so teuer bin. Ich lasse mich ganz und gar in die Gegenwart Gottes ein mit der Zuversicht: Tiefer kann ich nicht fallen als in die Hände, die mich tragen und heilen.

Ich höre aber auch aus der Tiefe die Einladung: Kehre um! Geistliches Leben bedeutet immerzu Einkehr und Umkehr. Es geht primär um eine mystische Umwandlung. Die Einladung bezieht sich mehr auf das Sein als auf das Tun, mehr auf eine Vertiefung und Erweiterung des Bewusstseins als auf Moral. Der Geist bewegt mich, von innen her dorthin zu pilgern, wo das eigentliche Heil in meinen tiefen Schichten entsteht. Er führt mich zu dem inneren, göttlichen Raum der Freiheit und der Liebe. Dort erstrahlt das innere Licht, wie es Buddha erfuhr. Dort öffnet sich die heilende Quelle, wie es in Jesus geschah. Dort entfaltet sich die Kraft der Liebe, wie die Sufis sie spürten. Zu dieser inneren Kammer geht meine geistige Pilgerreise. Von dort aus entfaltet sich eine neue Seinsweise in meinem Leben. Dann kann ich blühen, dort, wo ich gepflanzt bin.

Wenn du betest, geh in deine Kammer,
schließ die Tür zu,
und bete zu deinem Vater,
der im Verborgenen ist.

Mt 6,6

Lebt als Kinder
des Lichtes.

Eph 5,8

Meditation

SITZ Ich sitze aufrecht und entspannt. Mit geschlossenen Augen nehme ich den äußeren Raum wahr, in dem ich bin, die Länge, Breite, Höhe, das Licht und die Schatten, die Geräusche und die Stille ... Hier und jetzt ganz da sein.

BESINNUNG Ich frage mich: Wo stehe ich jetzt in meinem Familienleben, im Beruf, im Umgang mit den Menschen ...? Welches Gottesbild trägt mich? Wie ist meine Beheimatung in der Glaubensgemeinschaft? Was sind meine prägenden Gefühle, meine leitenden Gedanken und Motivationen? Was bereitet mir Kummer, Sorge, Schuldgefühle?

BEGLEITBILD Ich stelle mir vor, dass ich am Anfang einer Pilgerreise stehe. Ich schaue mich an, wie ich geworden bin, und lasse mich mit Vertrauen auf den Weg zu den inneren Schichten des Bewusstseins ein. Ich gebe dem göttlichen Geist Raum in mir.

I.2

Geerdet Sitzen

Nachdem der augenblickliche innere Standort des Lebens wahrgenommen ist, darf die geistige Pilgerreise beginnen. Auf der inneren Reise bleiben wir mit der gesamten Wirklichkeit verbunden. Geistiger Prozess führt den Übenden nicht weg vom Lebensumfeld, sondern bindet ihn enger in den Lebensprozess ein, aber von einer ganz anderen Tiefe her.

Es ist wichtig, die Reise im Geerdetsein zu beginnen. Die Erde ist nicht einfach tote Materie, die wir ausnutzen und ausbeuten können; die Erde ist der tragende Mutterboden unserer Existenz. Nach dem biblischen Schöpfungsmythos hat Gott den ersten Menschen aus der Erde (*adama'h*)geformt, und darum heißt er *Adam* (der aus der Erde Gewonnene). Aus der Erde ist unser Körper geformt, durch die Erde wird er ständig genährt und zur Erde kehrt er zurück. Die Erde ist die erweiterte Form unseres Leibes. Unsere Gedanken und Gefühle sind ständig im energetischen Feld der Erde gespeichert. Wir Menschen haben eine innige Verbundenheit mit der Erde. Alles, was wir als Nahrung zu uns nehmen, ist letztlich verwandelte Erde. Das Trinkwasser ist Lebenssaft der Erde. Die Bäume sind die ausgestreckten, ernährenden Hände der Mutter Erde. Zum Bewusstsein erwachte Erde – dies ist der menschliche Leib.

Die Erde kann als Leib Gottes bezeichnet werden: Durch die Erde erreicht uns die schützende und belebende Kraft des Göttlichen. Die Erde ist unser gemeinsames Erbe, aber auch ein Auftrag. Da die eine Erde alle Menschen ernährt, sollen die Güter der Erde allen Menschen gerecht zuteil werden. Wenn ein großer Teil der Menschheit wegen der Besitzgier und Ausbeutung der anderen nicht genug Nahrung von der Erde erhalten kann, wird die Würde der Erde verletzt und das Recht des Menschen missachtet. Wenn die Erde unter Produktionsdrang und Habsucht vergiftet und vergewaltigt wird, ist die Zukunft der Erde – und damit die der Menschheit – bedroht. Große Dankbarkeit und ein echtes Verantwortungsbewusstsein kennzeichnen eine erdverbundene Spiritualität.

Gott setzte den Menschen in den Garten,

damit er ihn bebaue und hüte.

Gen 2,15

Die Erde ist unsere Mutter;

wir sind ihre Kinder.

Ath. Veda 12,1,12

Meditation

SITZ Ich sitze aufrecht und entspannt, wenn möglich auf dem Erdboden. Ich nehme den Kontakt mit dem Sitzhocker/Kissen, mit der Decke/Matte wahr.

WAHRNEHMUNG Langsam lenke ich die Aufmerksamkeit weiter nach unten, in die Erde. Wie ein kleines Kind auf dem Schoß der Mutter sitzt, so sitze ich auf der Erde und erspüre dankbar die tragende und belebende Kraft der Mutter Erde. Ich fühle mich in die tiefe Einheit zwischen meinem Leib und der Erde ein. Zugleich spüre ich die Verbundenheit mit allem, was aus der Erde entsteht: Menschen, Bäume, Tiere, Vögel, Berge, Flüsse …

ÜBUNGSWORT Innerlich erlebe ich: ***Mein Leib ist Erde; Erde ist unser Leib!***

I.3

Verwurzelt sitzen

Um das Bewusstsein der Erdverbundenheit zu vertiefen, kann das Bild des Baumes ein Begleitbild sein. Der Meditierende sitzt wie ein Baum: still, aufrecht, fest, wach, achtsam und entspannt. Was wächst, macht keinen Lärm – dies ist die Grundbotschaft des Baumes. So ist der Baum ein Gestaltsymbol für den Meditierenden.

Der Baum ist ein Ursymbol des Menschen. Am Baum wird die zweifache Grundausrichtung der menschlichen Existenz deutlich erkennbar: das Verwurzeltsein und das Verbundensein. Aus dem Verwurzeltsein im Göttlichen wächst der Mensch zum Verbundensein mit allen Wesen. Diese zweifache Ausrichtung ist der Grundansatz der Meditation: die Verwurzelung im göttlichen Seinsgrund zu vertiefen und das Verbundensein mit allen Wesen zu stärken.

Wenn wir zu einem Baum gehen und fragen: »Wie spät ist es?«, wird der Baum antworten: »Es ist jetzt!« Der Baum lebt immer in der Gegenwart. »Von Gegenwart zu Gegenwart wächst der Baum« (Saint-Exupéry)[2]. Der Gegenwart ganz gegenwärtig sein – darum geht es in der Meditation. Unser Verstand treibt uns unvermeidlich in die Vergangenheit oder in die Zukunft; so gestalten wir unser Leben, so wird Natur zur Kultur erhoben. Aber unsere intuitive Wahrnehmungsfähigkeit *(buddhi/nous)* ist immer in der Gegenwart. Darin entfaltet sich die geistige Kraft der Lebensgestaltung, der tiefere Sinn der Kultur. In der Meditation versuchen wir zu diesem Bewusstseinsbereich vorzudringen. Darum ist es wichtig, wie ein Baum tief verwurzelt, innerlich wach, doch mit allem eng verbunden zu sitzen.

Baum ist ein Archetyp der ganzheitlichen geistigen Entfaltung des Menschen. Das Baumsymbol findet sich in den heiligen Schriften aller Religionen. Am Anfang der Bibel steht der Baum der Erkenntnis (Gen 2,9), und am Ende der Bibel steht der Baum des Lebens (Offb 22,14). Der Gerechte Israels wird mit einem Baum verglichen, der am Bach gepflanzt ist (Ps 1,3). In den Upanishaden wird der Weise mit einem aufrechten Baum verglichen (Tait. Up. 1,10). Im Buddhismus ist der Baum die Gestalt des Erleuchteten. Im Koran ist vom himmlischen Baum die Rede, dessen Öl die göttliche Lampe brennen lässt (24,35).

Sei still, mein Herz,
diese Bäume sind Gebete.

Tagore[3]

Wer mit Bäumen zu sprechen weiß,
wer ihnen zuzuhören weiß,
der erfährt die Wahrheit.

Hermann Hesse[4]

Meditation (3)

SITZ Ich sitze aufrecht und entspannt, wenn möglich auf dem Erdboden. Langsam lenke ich die Aufmerksamkeit nach unten. Ich sitze in der Erde verankert mit der Vorstellung, wie von meinen Beinen und Füßen Wurzeln in die Erde wachsen.

BEGLEITBILD Mit jedem Ausatmen spüre ich das Hineinwachsen der Wurzeln nach unten in die Erde und mit jedem Einatmen das Aufsteigen der Erdenkräfte nach oben in den Beckenraum. Langsam erlebe ich die entspannte und aufgerichtete Wirbelsäule als Baumstamm.

ÜBUNGSWORT Ich verbleibe durchgehend bei der inneren Vorstellung: ***Ich bin ein Baum.***

I.4

Im Leib sein

Das geerdete und wie ein Baum verwurzelte Sitzen führt allmählich zur Stille. Die Stille der Meditation ist nicht einfach das Ausbleiben des äußeren Lärms oder der inneren Zerstreuung, sondern eine leibbezogene Stille. Man erspürt deutlich die Stille des Leibes. Es geht hier nicht um den Körper, den man hat, sondern um den Leib, der man ist. Der Leib ist das Ganze der Gestimmtheiten und Gebärden, wodurch das Dasein des Menschen in der Welt zur Entfaltung kommt. Im Umgang mit den Menschen und den Dingen der Natur erkenne ich, dass ich leibhaftes Wesen bin und mich als solches verwirkliche.

Der Leib ist die Ursprache des Menschen, der vorrangige Ort der Selbstentfaltung. In unserem Leib erkennen wir unsere eigene Geschichte mit all ihren Licht- und Schattenseiten. Eine bewusste und liebevolle Annahme eigener Leiblichkeit bedeutet daher eine befreiende Selbstannahme, aber auch die respektvolle Annahme der anderen Menschen in ihrer Eigenart. Eine Grundursache vieler psychischer Störungen und körperlicher Krankheiten liegt darin, dass wir Menschen die eigene Leiblichkeit nicht bejahen und pflegen. Der Leib wird oft als Gegenstand betrachtet, auf Leistung und Genuss hin überfordert und als Konsumgut missbraucht. Dadurch geschieht eine tiefe Entfremdung, die sich in Krankheit, Sucht und Promiskuität ausdrückt.

Eine integrierte und integrierende Erfahrung der eigenen Leiblichkeit kann entstehen, wenn wir unseren Leib bewusst wahrnehmen. Es gibt grundsätzlich drei Bereiche der Leiblichkeit: den Denkbereich, den Gefühlsbereich und den Vitalbereich. Anatomisch gesehen sind das Kopfraum, Herzensraum und Bauchraum. Beim aufrechten und entspannten Sitzen sind diese drei Bereiche in einer vertikalen Ausrichtung in Harmonie gebracht. Auf dem Weg zur meditativen Leibwahrnehmung wäre es wichtig, mit dem Bauchraum anzufangen. In den eigenen Bauch einzutreten bedeutet einen Abstieg in den eigenen Keller des Lebens. Man kommt dadurch in Kontakt mit den Phasen der Vorgeburtszeit und der frühen Kindheit, aber auch mit dem Urmütterlichen in sich selbst. Es könnte eine zum Teil bedrückende, aber auch beglückende und letztlich befreiende Leiberfahrung sein. Für den geistigen Prozess ist dieser Schritt eine Reinigungsphase.

Der Leib ist

für den Herrn.

1 Kor 6,13

Der Atman ist

der innere Lenker

im Leib.

Brih. Up. 3,7,23

Meditation (4)

SITZ Ich sitze aufrecht und entspannt, wenn möglich auf dem Erdboden.

LEIB Vom Verwurzeltsein in der Erde komme ich zur Wahrnehmung meines Leibes, zunächst zur Leibmitte. Ich spüre in meinen eigenen Bauch hinein und erspüre voller Achtsamkeit alle Organe, die im Vitalbereich vorhanden sind: das Verdauungssystem, die generativen Teile, die Ausscheidungsorgane und alle wichtigen Hormondrüsen.

WAHRNEHMUNG Achtsam und liebevoll bleibe ich ganz in meiner Leibmitte und nehme die Gefühlsreaktionen und Gemütsbewegungen wahr. Ich lasse die mit den frühen Phasen meines Lebens verbundenen Empfindungen zu. Dadurch erlebe ich eine innere Reinigung, aber auch eine tiefere Verwurzelung in meiner Leiblichkeit.

ÜBUNGSWORT Ich sitze mit der inneren Einstellung: ***Mein Leib ist ein sakraler Ort.***

I.5

Den Leib durchspüren

Der Leib ist eine sakrale Wirklichkeit. Der Leib ist der erste Ort der Gotteserfahrung. Die Grundlage des christlichen Glaubens besteht in der Erfahrung: Das Wort ist Fleisch geworden (Joh1,14). Durch den Leib ist Gott zu uns gekommen; darum sollen wir durch den Leib zu Gott gelangen. Im Leib hat die heilende Nähe Gottes unter uns Gestalt angenommen; so ist der Leib der primäre Ort der Gott-Mensch-Begegnung geworden. Der Leib ist ein Ursakrament. Bevor wir versuchen, in den Riten und Symbolen, in der Heiligen Schrift und in der Natur Gott zu erfahren, dürfen wir zunächst in unserem Leib Gottes Gegenwart wahrnehmen. Darum bezeichnete Paulus den Leib als den Tempel des göttlichen Geistes (1 Kor 6,19).

Jesus hat die erhellende Gegenwart des Göttlichen in seinem Leib erfahren und wollte uns diese Erfahrung vermitteln. »Wenn dein ganzer Leib vom (göttlichen) Licht erfüllt ist und nichts Finsteres in ihm ist, dann wird er so hell sein, wie wenn die Lampe dich mit ihrem Schein beleuchtet« (Lk 11,36). So hat Jesus sich als Licht erfahren und uns den Auftrag gegeben, zum Licht der Welt zu werden. Buddha erfuhr diesen Durchbruch des inneren Lichtes in seinem Leib, und so konnte er den anderen den Weg zum Licht zeigen. Die klassische Yogatradition zeigt Wege zur Erfahrung der Leib-Geist-Einheit (*yoga*). Letztlich geht es darum, dass der eigene Leib transparent wird für die verwandelnde Gegenwart des göttlichen Geistes in uns.

Wenn wir im Prozess der geistigen Versenkung den Leib als sakralen Ort der Gottesgegenwart erleben, werden wir fähiger, den eigenen Leib, so wie er geworden ist, anzunehmen. Unser Lebenslauf ist im Leib eingezeichnet. Wer seinen Leib liebevoll annimmt, bejaht seine Biografie mit ihrem Umfeld. Durch diese Selbstannahme lösen sich viele Verspannungen, und die Blockaden werden beseitigt. Der ganze Leib wird als auf den Geist hin durchlässig erfahren. Das trägt auch zur Gesundheit bei. Eine leibhafte und ganzheitliche Selbstannahme im Verwandlungsgeschehen des göttlichen Geistes ist ein Grundelement der geistigen Versenkung.

Erkennt, dass euer Leib
Tempel des Geistes Gottes ist;
verherrlicht Gott in eurem Leib.

1 Kor 6,19–20

Der Leib ist
das Gefäß des göttlichen Geistes.

Gita 13,2–3

Meditation

SITZ Ich sitze aufrecht und entspannt, möglichst auf dem Erdboden.

LEIB Nach der Verwurzelung in der Erde und dem Verweilen im Bauchraum spüre ich langsam vom Bauch aus nach unten durch die beiden Beine bis zu den Füßen. Ich komme langsam zur Leibmitte zurück und spüre dann nach oben über die Schultern durch die Arme hindurch bis zu den Händen. Und schließlich spüre ich sanft in den Kopfbereich und komme ganz zur Leibmitte.

WAHRNEHMUNG Ich erspüre alle Teile meines Leibes achtsam und liebevoll in der lebendigen Gegenwart Gottes. Eigentlich ist diese Wanderung durch den Leib eine Art innere *Pilgerreise*: Wenn mein Leib der Tempel des Geistes Gottes ist, mache ich eine Pilgerreise durch diesen sakralen Raum.

ÜBUNGSWORT Während der ganzen Übung bleibe ich in der Überzeugung: ***Mein Leib ist der Tempel des göttlichen Geistes.***

~~III~~ II. Der Atem: Die Dynamik

Die leibhafte Stille wird durch Atemübung vertieft. Durch das Bewusstwerden des Atemvorganges geschieht ein zweifaches Umschalten:

- Von der Leibwahrnehmung zur inneren Sammlung. Der Atem ist sowohl die leibfüllende, kosmische Lebenskraft als auch der subtile Energiestrom, der das Bewusstsein verändert. So erlebt man am Atem den Übergang vom Materiellen zum Geistigen. Eine die Wirbelsäule entlang auf- und abwärts fließende Atemkraft aktiviert die geistigen Energiezentren (*Chakren*).
- Vom leistungsbezogenen Ich-Gefühl zum tiefere Selbst-Bewusstsein. Nicht ich atme, *es* atmet in mir – dies ist die Grunderfahrung beim bewussten Atmen. So wird das Subjektbewusstsein von Ichhaftigkeit befreit und auf den göttlichen Geist hin geöffnet: Gottes Atem atmet in mir.

Atmen zu können ist eine Gnade, ein sakrales Geschehen. Im bewussten Atmen sitzt der Übende wie ein aufrechter Baum oder ein sprudelnder Springbrunnen im Einklang mit dem Kosmos. Bei jedem Atemzug ist es wichtig, ohne Zwang oder Druck ein- und auszuatmen: sanft, tief, entspannt und bewusst. Dann erfährt man, dass das Leben ein Fließen ist und von der göttlichen Seinsdynamik getragen.

- Ich atme dankbar ein und mit Vertrauen aus.
- Bei jedem Ausatmen spüre ich die den ganzen Leib durchströmende Atemkraft.
- Bei jedem Atemzug erlebe ich den die Wirbelsäule entlang aufwärts und abwärts fließenden Strom der Atemkraft.
- Bei jedem Ausatmen spüre ich, wie die Atemkraft von der Wirbelsäule aus in die Füße und Hände fließt.
- Ich sitze wie ein Springbrunnen und erlebe, wie die Atemkraft über meinen Leib hinaus ausströmt.

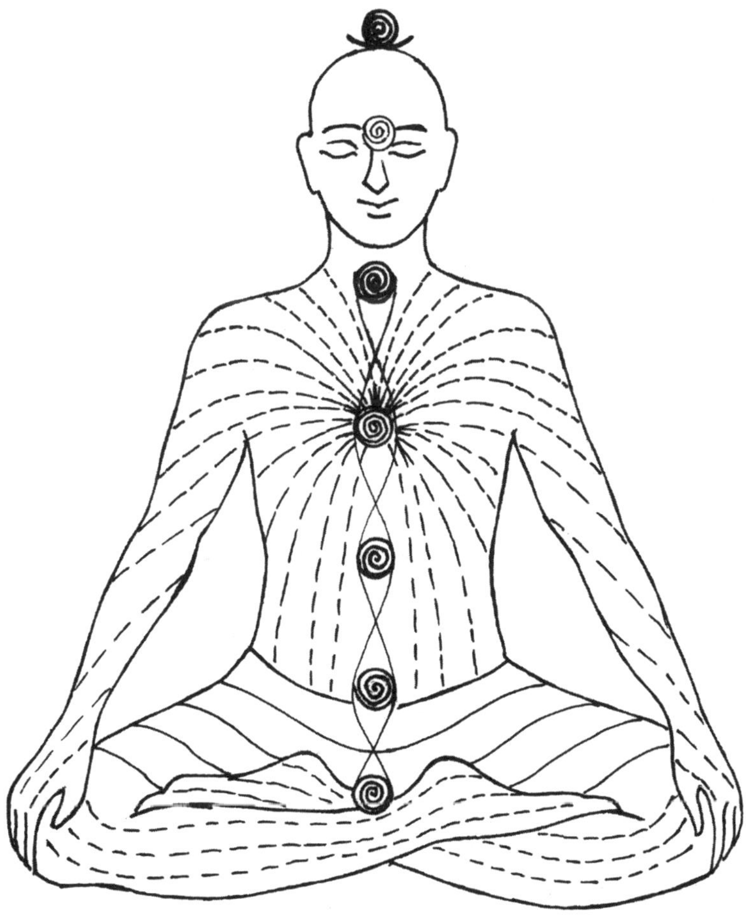

II.1

Den Atem wahrnehmen

Wenn beim innerlich gesammelten Sitzen der Leib zur Stille kommt, wird uns der Atemvorgang bewusst. Der Atem ist die Lebenskraft, die alle Lebewesen durchströmt, die raumfüllende und alles durchdringende Lebensenergie im Kosmos. Sie fließt in uns hinein und fließt durch uns hindurch. Wir befinden uns in diesem kosmischen Lebensstrom. Wie ein Fisch im Meer »leben wir, bewegen wir uns und sind wir« im Meer der kosmischen Kraft des Atems.

Ein- und ausatmen zu können ist keine Selbstverständlichkeit. Jedes Mal, wenn wir ausatmen, sterben wir, denn jedes Ausatmen ist eine Vorerfahrung des allerletzten Ausatmens, das zu jeder Zeit auftreten kann. Und jedes Mal, wenn wir einatmen, werden wir neu geboren, denn die Lebenskraft erneuert unser Leben. Unser Leib ist ein fließendes Wesen: Der Atem ist der Lebensstrom. Darum dürfen wir mit Dankbarkeit einatmen und mit Vertrauen ausatmen. Wer mit echtem Vertrauen ausatmet, überwindet Angst.

Der Atem ist ein Spiegel der Psyche: Wie du atmest, so bist du! Wenn wir innerlich beunruhigt werden, schnappen wir nach Luft; wenn wir entspannter sind, atmen wir ruhig, gleichmäßig und tief. So soll es umgekehrt möglich sein, durch bewusstes und entspanntes Atmen den inneren Wahrnehmungsvorgang positiv zu beeinflussen. Darum wird die Atembeherrschung häufig als eine wichtige Stufe der meditativen Versenkung empfohlen. Wer bewusst und ruhig ausatmet, kommt zur Ruhe.

Wenn wir die Aufmerksamkeit auf den Atem lenken, erkennen wir, dass eigentlich nicht wir ein- und ausatmen. Ich bin nicht das eigentliche Subjekt des Atmens, da es nicht in meiner Freiheit liegt. *Es* atmet in mir. Ich kann nur in Dankbarkeit und Vertrauen wahrnehmen, wie der Atem durch mich hindurch fließt. Wenn wir unsere Aufmerksamkeit dem Atemvorgang schenken, erleben wir eine innere Freiheit: Befreiung vom leistungsbetonten Ich, das alles machen und beherrschen will. Langsam ahnen wir, dass es tiefere Bewusstseinsbereiche gibt. Auf dem inneren Weg vom kleinen Ich zum großen Selbst ist dies ein wichtiger Schritt. Dabei geschieht ein Umschalten vom Haben zum Sein, vom Wollen zum Geschehenlassen. Der Meditierende sitzt mit einer inneren Gelassenheit, aber in tiefer Verbundenheit mit allen Lebewesen. Der Atem bringt eine kosmische Harmonie hervor.

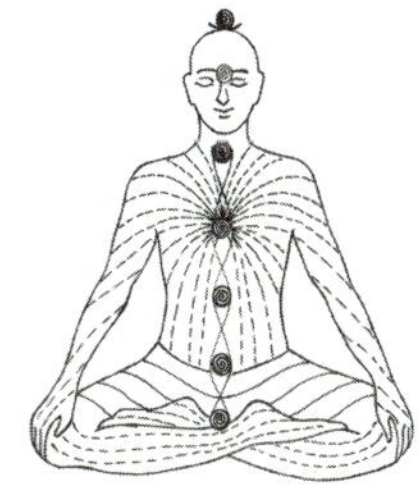

Dem Menschen ist der Atem
nur geliehen.

Weish 15,16

Der Verstand und alle Sinne
sind im Atem gesponnen.

Chand. Up. 2,11,1

Meditation (6)

SITZ Ich sitze aufrecht und entspannt.

ATEM Nach der Leibwahrnehmung lenke ich die Aufmerksamkeit auf den Atem. Ich atme entspannt und bewusst ein und aus, ohne den Atemrhythmus zu verändern. Gelegentlich atme ich tiefer ein und länger aus. In Dankbarkeit lasse ich den Einatem einströmen und mit Vertrauen lasse ich mich im Ausatmen los. Meine Wahrnehmung entsteht in Resonanz mit dem kosmischen Lebensstrom. Ich empfinde eine tiefe Verbundenheit mit allen Lebewesen.

ÜBUNGSWORT Zählen (zum Beispiel beim Einatmen 1,2 und beim Ausatmen 1,2,3,4) könnte eine Hilfe sein. Aber ich bleibe durchgehend in der inneren Einstellung: ***Nicht ich atme, es atmet in mir.***

II.2

Den Atemstrom spüren

Es atmet in mir! Was ist dieses *Es*? Wer atmet? Die Weisen Israels und die Seher des Ostens haben diese Frage gestellt. In den beiden geistigen Hemisphären haben sie die eine Antwort erhalten: Gottes Atem atmet in und durch uns. Was im Atemstrom durch uns fließt, ist eigentlich Gottes Hauch, Gottes Atem, Gottes Geist. Das Wort für Gottes Geist bedeutet in vielen alten Sprachen Atem: *Ruah* (Hebräisch), *Pneuma* (Griechisch), *Spiritus* (Lateinisch), *Ātman* (Sanskrit), *Āvi* (Tamil) und *Chi* (Chinesisch).

Im biblischen Schöpfungsmythos heißt es: Gott formte den ersten Menschen aus der Erde und blies in seine Nase den Lebensatem (Gen 2,7). Der Ausatem des Schöpfers ist der Einatem des Geschöpfs. Nach diesem ersten Ausatmen hat sich der Schöpfer nicht zurückgezogen, sondern wie Wasser aus einer verborgenen Bergquelle fließt die Lebenskraft des Atems kontinuierlich aus dem göttlichen Ursprung in die Schöpfung. Alle Lebewesen sind vom Atem Gottes beatmet und dadurch belebt. Darum heißt es: »Wenn Gott seinen Atem zu sich holen würde, müssten alle Lebewesen zusammen sterben; der Mensch wird zum Staube zurückkehren« (Ijob 34,14–15; Ps 104,29). Der Atem ist eigentlich nicht unser Eigentum, denn »Gott verleiht dem Menschen den Atem« (Jes 42,5; Ijob 33,4; 27,3) Paulus sagt deutlich: »Gott gibt allen das Leben und den Atem« (Apg 17,25). Die Anrede Jesu *abba* (Vater) in seiner aramäischen Muttersprache vermittelt den ursprünglichen Sinn: *Der, der gebärend uns beatmet.*[5] Jesus hat Gott als die Lebensquelle in seinem Seinsgrund erfahren (Joh 5,26). Der Gott, den Jesus Vater nannte, ist eigentlich der Mutterboden.

In der östlichen Hemisphäre erlebten die Weisen den Atem als göttliche Energie: *prano brahmah* (Chand. Up. 4,10,4). Alles wird vom Atem Gottes (*prānah*) belebt und daher erfährt der Mensch Gott »als den aus ihm und durch ihn Atmenden« (Kena. Up.1,9). Atem ist »das Gesicht des Göttlichen« (Tait. Up. 1), »der göttliche Leib« (Chand. Up. 3,14,2). Darum lautet ein Gebet: »O Atem des Lebens, ich verschmelze mit dir beim Ein-und Ausatmen. Wie ein Lebenskeim im Wasser, so umgebe und binde ich dich in mir, damit ich lebe« (Ath. Veda, 11,4,26). In altem China wird die Chi-Energie des Atems als kosmische Lebens- und Heilskraft erfahren.

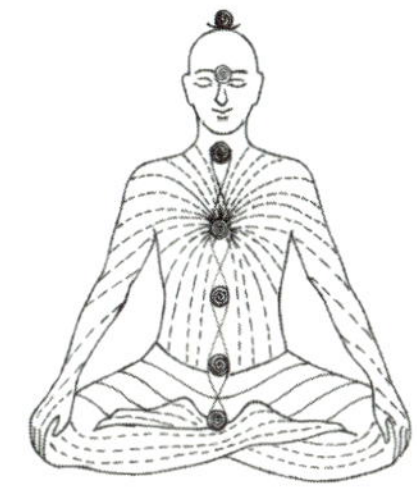

Gottes Atem

atmet in mir.

Weish 15,16

Alles hat seinen Ursprung

im Atem Gottes.

Ath. Veda 11,4,1

Meditation

SITZ Ich sitze aufrecht und entspannt.

ATEM Ich erspüre den ganzen Leib und den Atemvorgang. Beim Einatmen nehme ich den Strom der Atemkraft dankbar auf. Beim Ausatmen erlebe ich das Fließen dieser Lebenskraft in die Füße und in die Hände. So atme ich abwechselnd in die Füße und in die Hände aus. Dabei folgt mein Bewusstsein dem belebenden Strom des Atems im ganzen Leib.

WAHRNEHMUNG Langsam wird der ganze Leib als eine fließende Einheit und ein vom Atem belebtes Wesen erfahren, als vom göttlichen Atem beatmeter Raum des Geistes.

ÜBUNGSWORT Mit jedem Atemzug bleibe ich mir bewusst: ***Gottes Atem atmet in mir.***

II.3

Die Kraftzentren erspüren

Wenn wir uns als von Gottes Geist beatmetes Wesen erleben, kommen wir zu einer intensiven leibhaften Stille. Die Wirbelsäule entlang fließt die Lebensenergie des Atems aufwärts und abwärts. In diesem Lebensprozess öffnen sich sieben Kraftzentren (*Chakren*), durch welche die Lebensenergie spiralförmig aufsteigt, die inneren Kräfte ausbalanciert und den Einzelnen mit dem gesamten Kosmos in Einklang setzt.

Kraftzentrum	**Wirkung**	**Kosmisches Energiebündel**
7. Scheitelchakra	transzendierend	die unmanifeste Stille
6. Stirnchakra	erkennend	der manifestierende Laut
5. Halschakra	vermittelnd	Raum
4. Herzchakra	öffnend	Luft
3. Bauchchakra	gestaltend	Feuer
2. Genitalchakra	reinigend	Wasser
1. Wurzelchakra	stabilisierend	Erde

In der Übung darf man diese Wahrnehmung nicht erzwingen und die Chakren nicht gewaltsam öffnen. Man darf nur in einer rezeptiven Haltung sitzen und das Strömen des Atems durch die *Chakren* sanft wahrnehmen. So kann der Meditierende diese Chakren nach und nach erspüren lernen und das Bewusstsein auf die Transzendenz hin öffnen. Dadurch entsteht eine tiefe Erfahrung der Leib-Seele-Einheit, ein ganzheitliches Erwachen des Geistes, eine Harmonie mit allem. Kraft der Gnade kann man empfinden, dass der Leib ein vom göttlichen Geist durchleuchteter Tempel ist.

Dein Leib wird ganz voll Licht sein,
wie wenn die Lampe dich
mit ihrem Schein beleuchtet.

Lk 11,36

Erkenne das Göttliche in deinem Leib
als strahlendes Licht.

Mund. Up. 3,1,5

Meditation (8)

SITZ Ich sitze aufrecht und entspannt, wenn möglich auf dem Erdboden.

LEIB Nachdem ich den Strom des Atems im ganzen Leib erspürt habe, richte ich die Aufmerksamkeit bewusst auf die Wirbelsäule.

ATEM Bei jedem Einatmen spüre ich den die Wirbelsäule entlang aufsteigenden Atemstrom und bei jedem Ausatmen den absteigenden Atemstrom. In aller Gelassenheit erlebe ich, wie die Chakren beatmet und aktiviert werden. Es ist auch möglich, von unten angefangen in jedes Chakra nach und nach sanft auszuatmen. In die zwei obersten Chakren darf nur in einer späteren Phase ausgeatmet werden.

ÜBUNGSWORT Mit jedem Atemzug bleibe ich mir bewusst: ***Gottes Atem atmet in mir.***

II.4

Den Leib beatmen

Der Atemstrom fließt nicht bloß die Wirbelsäule entlang auf- und abwärts. Von der Wirbelsäule aus wird die lebenspendende Kraft des Atems in den ganzen Leib verteilt. Von ihr aus entfalten sich die subtilen Atemkanäle, durch welche die Atemkraft jede Zelle erreicht und belebt. In der indischen Tradition bezeichnet man sie als *Nādis*, und in der chinesischen Heilkunde wird von Meridianen gesprochen. Es geht hier nicht bloß um den biologischen Prozess der Blutreinigung durch Sauerstoffversorgung, sondern weit mehr um die ganzheitliche Energetisierung des Leibes. Der Leib ist keine statische Einheit, sondern eine dynamische Ganzheit, ein fließendes Wesen. Mit jedem Atemzug wird der Leib erneuert. Durch jeden Atemzug werden wir neu geboren. Die raumfüllende kosmische Lebenskraft fließt in unseren Leib hinein als Atemkraft, fließt durch den Leib als Lebensenergie und setzt uns in Schwingung mit dem werdenden Ganzen. Unser Leib fließt in einem kosmischen/göttlichen Energiestrom.

Diesem Belebungsvorgang bewusst nachzuspüren, trägt sehr zur inneren Sammlung bei. Wenn der ständig geschehende Atemvorgang vom Bewusstsein begleitet wird, ist die Energetisierung intensiver und die leibhafte Stille dichter. Nach der Einsicht der upanishadischen Meister ist der Erkenntnisvorgang vom Atem gesteuert (Chand. Up. 4,3,3). Durch die bewusste und den ganzen Leib einbeziehende Atmung gelangt das Bewusstsein von der gegenständlichen Denkart zu einer intuitiven Wahrnehmung, von der Ich-Fixierung zur Selbstwahrnehmung: Nicht ich atme, es atmet in mir. Wenn der Atem als Atem Gottes erkannt wird, erleben wir den Atemstrom als eine durch den Leib fließende göttliche Heilsenergie. So werden wir befähigt, dem Geist Raum zu geben. Die tief in uns vorhandenen Heilsquellen öffnen sich und haben Auswirkungen auf den leiblichen, psychischen und geistigen Bereich. Darum hat eine disziplinierte Atemübung (*prānāyāma*) therapeutische Effekte auf den ganzen Menschen.

Gottes Atem

atmet durch mich.

Ijob 27,3

Der Atem ist

die Tür des Herzens

zum Göttlichen.

Chand. Up. 3,13,1

Meditation (9)

SITZ Ich sitze aufrecht und entspannt, wenn möglich auf dem Erdboden.

LEIB Ich erspüre den ganzen Leib, und langsam richte ich die Aufmerksamkeit auf den Atem, der die Wirbelsäule entlang auf- und abfließt.

ATEM Beim Einatmen spüre ich den die Wirbelsäule entlang aufsteigenden Atemstrom und beim Ausatmen den absteigenden Strom. Wenn der Atemstrom entspannt und bewusst entlang der Wirbelsäule zum Fließen gekommen ist, stelle ich mir vor, dass ich wie ein Springbrunnen dasitze.

WAHRNEHMUNG Beim Einatmen lasse ich den Atemstrom die Wirbelsäule entlang als Lebenskraft von unten aufwärts fließen und beim Ausatmen lasse ich ihn als Liebeskraft vom Herzzentrum aus in die Hände und Füße einfließen.

ÜBUNGSWORT Die ganze Zeit bleibe ich innerlich aufmerksam bei dem Wort: ***Gottes Atem atmet durch mich.***

II.5

Im Einklang mit dem Ganzen

Der Atem belebt uns als Einzelne und verbindet uns mit allen Lebewesen. In dem einen einzigen kosmischen Atemstrom sind wir Menschen miteinander und mit allen anderen Wesen verbunden. Auch die Erde und Gestirne nehmen an dem Atemstrom in eigener Weise teil. Der Atem bringt den Einzelnen in Einklang mit dem Ganzen. Am Atem erkennen wir, dass wir Teile eines *werdenden* Ganzen sind. Kein Mensch, kein Lebewesen ist eine in sich geschlossene, inselhafte Wirklichkeit. Alles ist mit allem tief verbunden. Alle atmen *mit* einander und *durch* einander den Atem Gottes. Der göttliche Atem als Lebensenergie pulsiert in jeder Zelle, in jedem Atom. Aufmerksamkeit auf den Atem verleiht uns ein enormes Zugehörigkeitsgefühl. Unser Leben entfaltet sich in einer kosmischen Vernetzung. Wer sich dem geistigen Prozess hingibt, nimmt bewusst Anteil an dem Werdegang des Ganzen. Wir machen die innere geistige Pilgerreise in tiefer Verbundenheit mit allen Wesen.

Im Menschen ist die Evolution des Bewusstseins auf eine fortgeschrittene Stufe gelangt. Die in der Materie verborgene geistige Kraft wird im Menschen zu einer höheren Entfaltung erhoben. Das menschliche Bewusstsein ist an die Materie gebunden, aber auch davon befreit und auf das Unendliche hin offen. Das menschliche Leben entfaltet sich auf dem Nährboden der Natur, aber der menschliche Geist gestaltet die Kultur. Der Mensch ist in der Erde verankert, gleichzeitig zum Himmel hin offen. Diese zweifache Ausrichtung des Menschen ist am Atem erkennbar. Durch den Atem geschieht eine Vereinigung zwischen der Erdenkraft, die von unten aufsteigt, und der Himmelsenergie, die von oben herunterfließt. Es ist die kosmische Vermählung zwischen den weiblichen und den männlichen Prinzipien des Lebens, zwischen *Yin* und *Yang*, zwischen *ida* und *pingala*, zwischen *Śakti* und *Śiva*. Diese Verwandlung geschieht in allen Wesen, die atmen. Im Menschen aber wird sie mit dem geistigen Bewusstsein verbunden. Diesen Vorgang erspüren wir deutlich an der Wirbelsäule. So können wir beim Einatmen die die Wirbelsäule entlang aufsteigende Lebenskraft fühlen und beim Ausatmen die absteigende Liebeskraft spüren. Allmählich spüren wir den über den Leib hinaus fließenden Liebesstrom. Langsam kommen wir mit allem in Einklang.

Gott gibt allem Leben und Atem;
in ihm leben wir, bewegen wir uns
und sind wir.

Apg 17,25–28

Atem ist der Herr des Universums;
er fließt durch alles und hält alles am Sein.

Ath. Veda 11,4,9–10

Meditation (10)

SITZ Ich sitze aufrecht und entspannt, wenn möglich auf dem Erdboden.

ATEM Langsam richte ich die Aufmerksamkeit auf den Atem, der die Wirbelsäule entlang aufwärts und abwärts fließt. Beim Einatmen lasse ich den Atemstrom die Wirbelsäule entlang als Lebenskraft von unten aufwärts fließen und beim Ausatmen lasse ich ihn als Liebeskraft vom Herzzentrum aus in die Hände und Füße einfließen. Und weiter spüre ich, wie der Lebensstrom über den Leib hinaus nach außen dringt.

WAHRNEHMUNG Ich erlebe mich wie einen Springbrunnen und spüre die Wirbelsäule wie den Wasserstrahl und den Leib als das durchlässige Medium des kosmischen Atemstroms. Von den Erdenquellen her atme ich aufwärts ein, und von den Himmelshöhen her atme ich abwärts aus. Ich befinde mich in dem raumfüllenden, göttlichen Energiestrom.

ÜBUNGSWORT Die ganze Zeit bleibe ich innerlich aufmerksam bei dem Wort: ***In ihm leben wir, bewegen wir uns und sind wir.***

III. Das Mantra: Der Klang

Mit der Leib- und Atemwahrnehmung kommt der Mentalbereich allmählich zur Ruhe. Aber die Schichten des Unterbewusstseins melden sich mit den Schatten und Blockaden. Um sie einigermaßen zu bewältigen, wird empfohlen, heilsame Schwingungen in die tieferen Schichten des Innenbereiches zu schicken. Dafür geeignet sind:

- die Wiederholung eines Schlüsselwortes,
- das Namensgebet,
- das Summen des Mantras OM.

Dadurch geschieht ein inneres Umschalten von der vergegenständlichenden Denkart zum verinnerlichten Intuitionsvorgang, vom Verstand zu *buddhi/nous*. Allmählich gelangt der Übende in die innere Kammer, vor der Namen und Formen, Begriffe und Bilder zurückbleiben. Hier wird die Gegenwart des Göttlichen als pure Präsenz wahrgenommen: der Gegenwart ganz gegenwärtig zu sein. Man kann diese Erfahrung nicht erzwingen, sondern sich dafür nur öffnen, denn sie ist eine Gnade. Daher wäre es gut, mit dem Namen Gottes und dem OM länger zu üben, bis das Bewusstsein durchlässig wird für die mystische Erfahrung.

- In jedes Ausatmen nehme ich ein Schlüsselwort mit hinein, dessen Gehalt die leibhafte Stille vertieft.
- In vertrauensvoller Hingabe wiederhole ich bei jedem Atemzug den Name Jesu.
- In echter Achtsamkeit wiederhole ich mit jedem Ausatmen das Mantra OM.
- Ich spüre, wie die Schwingung des OM über meinen Leib hinaus vibriert und mich in Einklang mit allen Wesen bringt.
- Ich lausche in die leere Stille und bleibe der Gegenwart des Geistes ganz gegenwärtig.

III.1

Das Schlüsselwort

Ein Grundproblem, das wir im Meditationsprozess aushalten müssen, ist die Zerstreuung. Alle möglichen Gedanken stürmen auf uns ein und stören uns auf dem inneren Weg zur Stille. Wir sind oft von der inneren Sammlung weggerissen. Es gibt manche Gedanken, die aus unserem konkreten Lebensumfeld entstehen und eine gewisse Zuwendung benötigen. Sie sind oft eine Herausforderung an uns und haben eine Botschaft. Daher wäre es gut, sich am Anfang jeder Meditation ein paar Minuten Zeit zu nehmen, um solchen Problemen liebevoll etwas Aufmerksamkeit zu schenken, damit sie uns in der Stille nicht überraschen. Aber wir sollen damit rechnen, dass sich auch viele andere Gedanken, die eigentlich unwichtig sind, gerade auf dem Weg der Meditation aufdrängen. Sie sind wie freche Kinder, die sich zu jeder Zeit melden. Es hat keinen Sinn, mit solchen Störungen zu kämpfen oder über diesen Zustand traurig zu sein. Wichtig ist, dass der Meditierende sich trotz allem ruhig verhält und die innere Stille und Sammlung beibehält. Wie der Zen-Meister sagt, soll man sie als Wolken betrachten, die an einem festen Berg vorbeiziehen und gelegentlich einige Regentropfen fallen lassen; der Berg steht ungestört. Die innere Freiheit von Leistungsdruck ist das Entscheidende im Versenkungsvorgang.

Um innerlich gesammelt zu bleiben, wird empfohlen, ein Wort aufzunehmen, das die Gedanken bündeln und das Bewusstsein vertiefen kann. Es sollte ein ein- oder zweisilbiges Wort sein, das man leicht in einem Atemzug wiederholen kann. Dieses Schlüsselwort soll von innen her entstehen und mit seinem spirituellen Gehalt einen deutlichen Impuls geben. Es geht nicht darum, dass man über den Sinn des Wortes nachdenkt, sondern dass das Wort die Stille dichter macht. Die ständige Wiederholung des Wortes regt den Verstand nicht an; die Aufmerksamkeit sinkt in die tieferen Schichten. Wenn das Wort eine gewisse Melodie hat, bringt sein Klang den Innenraum zum Schwingen. Mit dem Summen des Wortlauts im Schweigen und mit jedem Atemzug wächst eine leibbezogene Stille, und man befindet sich in einem Strom des Bewusstseins.

Wähle dir ein kurzes Wort

und nimm es tief in dich hinein.

Wolke des Nichtwissens, Abschnitt 4

Wiederhole ein Schlüsselwort

mit innerer Aufmerksamkeit.

Sivananda von Rishikesh[6]

Meditation

SITZ Ich sitze aufrecht und entspannt.

ATEM Nach der Leibwahrnehmung nehme ich beim Einatmen die Wirbelsäule entlang aufsteigende Atemkraft wahr, und beim Ausatmen lasse ich den Strom vom Herzzentrum aus in den Leib einfließen.

ÜBUNGSWORT Mit jedem Ausatmen spreche ich innerlich das Wort, das in mir als Schlüsselwort auftaucht wie zum Beispiel ***Liebe*** oder ***Friede (Shalom, Salaam, Śānti*** oder ***Güte)***. Das Wort wird mit einer inneren Melodie in den gesamten Ausatem hinein verlängert. (Manche ziehen es vor, das Wort nach den zwei Silben zu trennen und entsprechend mit dem Ein- und Ausatmen innerlich zu sprechen.)

WAHRNEHMUNG Ich spüre den Atemstrom als das Fließen der Energie der Liebe oder des Friedens oder der Güte im Leib. So wird die leibhafte Stille vertieft und gleichzeitig mit geistigem Gehalt erfüllt. Kraft dieses fließenden Wortes treten die störenden Gedanken weithin zurück. Allmählich gelange ich in die *innere Kammer* der göttlichen Stille, wo ich ungestört verweilen kann.

III.2

Das Namensgebet

Wer nach innen geht, durchschreitet den Dschungel des Unterbewusstseins. Darin fühlen wir uns oft verlassen und vereinsamt, aufgewühlt oder verwirrt. Ein bedrückendes Gefühl steigt hoch, dass wir eine lange Nacht durchmachen. Wir sind mit dem Schatten unserer Psyche konfrontiert. Jeder Schritt nach innen ist oft mit Angst verbunden. Man fragt sich: Sinke ich ins Bodenlose?

Der Meditierende macht eine schmerzhafte Phase durch mit dem Empfinden, dass Gott sich ihm entzieht. Allein kommt er keinen Schritt weiter. In solchen Momenten wird empfohlen, mit großem Vertrauen den Namen Gottes zu wiederholen: den Namen, in dem der Meditierende die heilende Gegenwart der tiefsten Wirklichkeit erfährt. Diese Praxis des Namensgebetes gibt es in allen Religionen. Die Hindus zum Beispiel summen: *Om nama Śivaya* (Ich verehre Śiva) oder *Hari Om* (Ich verehre Vishnu, den Erlöser); die Buddhisten sprechen die Formel: *Om mani padme hum* (Perle/Juwel in der Lotosblüte des Herzens) oder *Namo amita butsu* (Ich huldige Amita Buddha); die Muslime beten mit einigen der 99 Namen Allahs. Oft wird der heilige Name anhand einer Gebetskette andachtsvoll wiederholt. Der Name ist mit geistiger Energie beladen, und seine Wiederholung erzeugt heilsame Schwingungen bis in den inneren Bereichen der Psyche. Sie verleiht dem Meditierenden Geborgenheit und Orientierung. Das Namensgebet verschafft den Zugang zum Herzensraum.

Den Christen vermittelt der Name *Jesus Christus* die heilende Gegenwart Gottes. Jesus ist uns auf dem Weg unserer Nacht vorangegangen und hat uns durch sein Mitleiden und seine Hingabe den Heilsweg eröffnet (Hebr 5,8). Darum ist er für uns der göttliche Meister und Wegweiser, Brunnen der Heilsquelle und Aufgang des göttlichen Lichtes. In seinem Licht wandern wir ins Licht. In der achtsamen Wiederholung des Namens Jesu begegnet er uns nicht als geschichtliche Person von außen, sondern als der Heiland von innen her, aus den tiefen, lichtvollen, göttlichen Schichten des Seins.

Beim Jesus-Gebet geht es nicht um die Verehrung der Person Jesu, sondern um das innere Erwachen zum Christusbewusstsein (*Hesychia*). Wenn der Name Jesu mit dem Mantra *OM* wiederholt wird, erzeugt er heilende Schwingungen im Herzensraum.[7]

Verweile in der achtsamen Wiederholung
des Namens Jesu Christi,
damit das Herz den Herrn verinnerlicht
und der Herr das Herz einnimmt:
die beiden werden eins.

Johannes Chrysostomus, PG 60,755

Das Jesus-Gebet ist wie der Atem der Seele.

Johannes Paul II[8]

Meditation

SITZ Ich sitze aufrecht und entspannt.

WAHRNEHMUNG Durch den Atem komme ich zu einer leibhaften Stille. Darin schaue ich die Schatten in den tieferen Schichten meines Bewusstseins an. Ich nehme meine innere Vereinsamung und Not wahr, das Unbehagen, die Blockaden zu überwinden und die Unfähigkeit zur Verzeihung, zur Versöhnung. Ich stelle mir vor, dass ich einen nächtlichen Weg durchwandere.

ÜBUNGSWORT Mit großer Hingabe wiederhole ich mit jedem Atemzug den Namen ***Jesus*** in einer ansprechenden Form, zum Beispiel: mit jedem Ausatmen den Namen ***Jesu(s)*** wiederholen, mit dem Einatmen ***Je-*** und mit dem Ausatmen ***-su*** wachzurufen, mit jedem Ausatmen ***Jesu … OM … Jesu*** summen. Mit dem Hineinfließen des Atemstroms in den Leib wiederhole ich die Formel, damit die Kraft des Namens im ganzen Leib zur Schwingung kommt (über den Sinn von OM: siehe den nächsten Abschnitt).

III.3

Das Mantra OM

Auf dem inneren Weg der Verwandlung verändert sich die vergegenständlichende Denkart zu einer Einheitserfahrung. Bilder und Begriffe treten zurück; eine innere Lichtsphäre kann sich entfalten. Die Mystiker sprechen vom inneren Licht, das erstrahlt, vom inneren Auge, das geöffnet wird. Wir können diesen Zustand nicht erzwingen, sondern uns nur dafür öffnen. Für diese empfangende Haltung empfehlen die östlichen Meister die Wiederholung eines Mantras.

Ein Mantra ist kein Wort, das einen Sinn im Denken wachruft, sondern ein Laut, der eine innere Harmonie herstellt. Durch die meditative Wiederholung des Mantras entstehen heilsame Schwingungen in den tieferen Bereichen des Bewusstseins. Von allen Mantren ist das Urmantra der Laut OM. Es entfaltet sich aus der Zusammenstellung von drei Lautelementen: A, U und M. Beim Summen ist A der allererste Laut, U ist der mittlere und M der letzte Laut. Daher bezeichnen sie den Anfang, die Mitte und das Ende von allem, und zusammen bilden sie eine dynamische Einheit im Laut AUM, ausgesprochen als OM. Daher wird OM zum Lautsymbol für das alles Durchdringende, alles Umfassende, das Ganze: für das Göttliche (Prasna Up. 5,5).

Durch eine meditative Wiederholung des OM kommt man in Einklang mit der göttlichen Schwingung in den tiefen Schichten des Bewusstseins. Eine Versenkung geschieht vom Wachbewusstsein (A) durch das Unterbewusstsein hindurch (U) ins mystische Bewusstsein (M). Es ist eine Vertiefung der Wahrnehmung von der vergegenständlichenden Reflexion zur verinnerlichenden Intuition. Hier wird das Göttliche über das personale Du hinaus als transpersonales Selbst erfahren. Mit dem Summen von OM sinkt das Bewusstsein von der Ich-Du-Beziehung zur tiefen Einheitserfahrung. Der mystische Klang von OM bringt das Herz in die Resonanz mit der Seinsdynamik des Göttlichen. Das Bewusstsein schwingt mit der innergöttlichen Schwingung des Geistes. In der christlichen Glaubenserfahrung bedeutet dies: Durch den Sohn geht die Seele in die innertrinitarische Lebenseinheit ein. Der Gott, zu dem wir in Worten zu beten versuchen, ist eigentlich der Geist, der durch uns wortlos seufzt (Röm 8,26). Mit dem Mantra OM schwingt sich der Meditierende in den seufzenden Geist ein.

Versinke in den Geist
mit dem Mantra
OM.

Mund. Up. 2,2,6

Der Geist tritt für uns ein mit Seufzen,
das wir nicht in Worte fassen können.

Röm 8,26

Meditation

SITZ Ich sitze aufrecht und entspannt.

ATEM In der leibhaften Stille erspüre ich mit jedem Atemzug den die Wirbelsäule entlang aufwärts und abwärts fließenden Lebensstrom.

ÜBUNGSWORT Mit jedem Ausatmen spreche ich langsam ***OM*** in das Hineinfließen des Lebensstromes in die Füße und in die Hände. So wird mit jedem in den Leib einfließenden Atemstrom OM meditativ wiederholt, zunächst laut und dann leiser bis zum Ausklingen in die leibhafte Stille.

WAHRNEHMUNG Ich verweile in dieser Stille ohne Begriffe und Bilder. Ich bleibe im Einklang mit der innergöttlichen Schwingung. Ich nehme den Geist wahr, der aus dem Herzen wortlos seufzt.

III.4

Der kosmische Klang

Das Mantra OM bringt nicht nur eine innere Harmonie hervor; es führt den Meditierenden weiter in den Einklang mit dem Kosmos. Die durch die Schwingung des OM wahrgenommene dynamische Gegenwart des Göttlichen durchdringt alles. »Im Anfang war das Wort (*Logos*) und das Wort war göttlich; alles ist durch das Wort geschaffen« – so beginnt der vom griechischen Denken geprägte Johannesprolog. »Im Anfang war der Laut, der Laut war OM, er war göttlich; alles entfaltet sich aus der Schwingung von OM« – so wird die Schöpfung von den vedischen Sehern wahrgenommen (Chand. Up. 1,1,2; 1,5,1–5). Die göttliche Stille wird durch OM artikuliert (Maitri Up. 6,22). Alles ist Schwingung, und der Ursprung der kosmischen Schwingung ist der göttliche Laut OM. »All dies ist OM« (Chand. Up. 2,23,3).

Die heutige Physik bestätigt diese Einsicht der alten Weisen: Der Kosmos ist Schwingung, Materie ist Energie. Wir befinden uns in einem alles durchdringenden Energiestrom, der in jedem Atom, in jeder Lebenszelle schwingt. Der Laut OM wird als die Urschwingung des Geistes im Kosmos erkannt. Wenn wir in der inneren Stille OM summen, wird das Bewusstsein zunehmend mit dem kosmischen Klang harmonisiert. Wir erleben eine umfassende All-Einheit, eine tiefe geistige Verbundenheit mit allem Sein, eine ergreifende Barmherzigkeit gegenüber allen Wesen.

Dies ist eine Art kosmischer Bewusstseinserweiterung, die zu einer vertieften Christuserfahrung führen kann. OM könnte als ein Lautsymbol der innertrinitarischen Lebensdynamik (*Perichorese*) aufgefasst werden. OM ist die Selbstartikulierung der göttlichen Stille, der göttliche Selbstausdruck, den man als Logos auffasste. In Christus hat sich der göttliche Logos verkörpert und so wurde alles »durch ihn und in ihm und auf ihn hin erschaffen« (Joh 1,3; Kol 1,16; Eph 4,6). Durch das meditative Summen von OM, verbunden mit einer ganzheitlichen Hingabe an den kosmischen Christus, sind wir mit der Erfahrung des Christusbewusstseins begnadet.

Der ganze Kosmos wird
von OM in Bewegung gesetzt.
Chand. Up. 1,5,1

OM – das ist der Aufgang des Seins im Vater (A),
das Erwachen des Seins zu sich im Sohn (U)
und das Ausklingen des Seins im Geiste (M).

OM – das ist aus dem Schweigen des Vaters ausgegangen (A),
öffnet sich aus der Tiefe im Wort (U)
und verschmilzt im Seufzen des Geistes (M).

Ich summe das OM, das im Vater seine Quelle hat,
in mir aufbricht und im Geiste zum Schweigen gelangt.
Henri Le Saux (Abhishiktananda)[9]

Meditation

SITZ Ich sitze aufrecht und entspannt.

ATEM In der tiefen Stille spüre ich bei jedem Einatmen dankbar den die Wirbelsäule entlang aufwärts fließenden Lebensstrom und beim Ausatmen den abwärtsfließenden Strom. Weiter spüre ich, wie die Lebenskraft in den ganzen Leib hineinfließt und über den Leib hinaus dringt.

ÜBUNGSWORT Bei jedem Ausatmen wiederhole ich langsam ***OM*** in den abwärts fließenden und leibfüllenden Strom.

WAHRNEHMUNG Langsam spüre ich, wie die Schwingung des OM über meinen Leib hinaus vibriert. Alles schwingt. Ich befinde mich wie in einem göttlichen Schwingungsbereich. Indem sich die Schwingungen des OM vom Herzzentrum aus entfalten, erlebe ich eine echte Barmherzigkeit zu allen Wesen. Belebt vom göttlichen Geist sitze ich in tiefer Einheit mit allem und erspüre, wie mein Selbst mit dem Göttlichen in Einklang kommt.

III.5

Die Gegenwärtigkeit

Allmählich klingt das Mantra OM in das tiefste Schweigen aus. Kein Wort, kein Bild, kein Name, kein Laut, überhaupt kein Gegenstand! Der Meditierende gelangt in die innere Kammer, an den eigentlichen Ort der Gotteserfahrung. Das personal verstandene Gottesbild weicht, und das Göttliche leuchtet als transpersonale pure Präsenz auf. In diesem inneren sakralen Raum ist völlige Leere, die aber die eigentliche Seinsdynamik ist. Innen ist tragendes Dunkel, das aber die belebende Lichtfülle ist.

Mystiker aller spirituellen Traditionen haben eine Ahnung von dieser tiefsten Seinsdynamik gehabt. Die upanishadischen Meister sagten zu jeder Gottesform *nēti nēti* (nicht so, nicht so) und erlangten den *Nirguna Brahma* (das unfassbare Göttliche). Johannes von Kreuz sagte zu jedem Gottesbild *nada nada* (nichts, nichts) und gelangte zur *unio mystica*. Im Zen geht man auf dem Weg ganzheitlicher Entleerung und erreicht das *Mu* (Leere). Meister Eckhart sagte: »Du muss gottlos werden, um das Göttliche zu erfahren«. Platon hatte eine Einsicht in das Höchste durch einen »aufflammenden Feuerstrahl«, der weit über das Denken hinaus entflammte. Plotin erfuhr sie in der Einheit mit dem Allganzen. Dionysius Areopagita erlebte das Göttliche in der »strahlenden Finsternis«. Gregor von Nyssa sprach davon, dass der Meditierende »über alle Bilder hinaus auf das Unfassbare hin pilgern soll«. Erst durch die *Wolke des Nichtwissens*, in der *docta ignorantia*, erkennt man Gott.

In dieser apophatischen Erfahrung geht es um eine Verwandlung des Bewusstseins, eine Vertiefung der intuitiven Wahrnehmung. »Geh in deine innere Kammer«, sagte Jesus, »und dort erfahre Gott im Verborgenen« (Mt 6,6). Er möchte, dass wir nicht auf der Ebene der Worte und Riten steckenbleiben, sondern in die tieferen Schichten des Bewusstseins eindringen, um dort Gott zu erfahren. »Gott ist Geist, und wer Gott anbeten will, soll im Geist und in der Wahrheit Gott anbeten« (Joh 4,24). Es ist eine Einladung, Gott als dynamische Gegenwart (*ruach*/Geist) zu erfahren und uns ihr ganz zu öffnen (*aletheia*/Wahrheit). In dieser kontemplativen Wahrnehmung erleben wir die Ewigkeit als die göttliche Tiefe der Gegenwart.

Dem Unwissenden ist das Brahman offenbar,
dem Wissenden bleibt es verborgen.

Kena Up. 2,3

Lass alles weg und strebe erkenntnislos
zum Geeintwerden mit dem,
der alles Sein und Erkennen übersteigt.

Dionysios Areopagita[10]

Meditation

SITZ Ich sitze aufrecht und entspannt.

ATEM Mit dem bewussten und die Wirbelsäule entlang fließenden Atem komme ich zu einer leibhaften Stille.

ÜBUNGSWORT Durch die Wiederholung des Namens ***Jesu*** und/oder des ***OM*** wird die Stille vertieft. Allmählich klingt der Name/OM in tiefes Schweigen aus.

WAHRNEHMUNG Ich nehme den inneren, leeren, lichten Raum dankbar wahr. Kein Bild oder Gedanke kommt herein. Hier steht die Zeit still; aber in dieser Stille ist eine enorme Dynamik spürbar. Ich lausche in die Stille und ahne die innertrinitarische Bewegung. Der Gegenwart ganz gegenwärtig bleiben – darum geht es hier. Solche Erfahrungen sind Augenblicke. Ein solcher begnadeter Augenblick kann geistige Speise für das ganze Leben sein.

Symbole der Verwandlung

IV. Der Baum: Meditationen mit Johannes

Der Baum stellt die zweifache Grundausrichtung des geistigen Prozesses dar: das Verwurzeltsein im göttlichen Seinsgrund und das Verbundensein mit allen Wesen. Darüber hinaus verdeutlicht das Baumsymbol das Geheimnis der Dreifaltigkeit: Wurzel (Vater), Stamm (Sohn), Saft (Geist) und Zweige (wir). Durch die Meditationen öffnen wir unser Herz zum innertrinitarischen Lebensprozess hin.

Es ist wichtig, dass der Übende sich mit dem Baum identifiziert, dass er selbst zum Baum wird und dem Wachstumsvorgang innerlich nachspürt. Sehr empfehlenswert ist es, nach der Meditation die inneren Baumbilder zu zeichnen: nicht ich zeichne, *es* zeichnet. An den intuitiv gezeichneten Baumbildern kann der Übende seine psychische Lage und die derzeitige geistige Entfaltungsphase erkennen. Hilfreich kann es auch sein, einen Baum als Meister auszusuchen und das Gespräch mit ihm zu spüren: mehr zuhören und der stillen Botschaft des Baumes in sich lauschen.

Die Texte des Johannesevangeliums und der Kirchenväter der frühen Jahrhunderte begleiten uns bei diesem inneren Prozess.

- Ich spüre das Verwurzeltsein im Seinsgrund des göttlichen Vaters.
- Ich erspüre das Getragensein durch den Stamm, der den göttlichen Sohn symbolisiert.
- Ich nehme den göttlichen Geist wahr, der wie der Lebenssaft hindurchströmt.
- Ich erkenne mich als einen Zweig, der durch den göttlichen Lebensstrom belebt wird.
- Ich erlebe, wie alle Zweige, alle Wesen im Göttlichen tief miteinander verbunden sind.

IV.1

Das Verwurzeltsein

Wir Menschen mögen Bäume. Der Baum ist ein in unserer Psyche tief eingezeichnetes Urmuster. Er ist ein *kollektiver Archetyp*. In jedem von uns entfaltet sich ein Baum. Diesem inneren *Lebensbaum* Raum zu geben, führt zur Heilung im psychischen Bereich und zum Heil im geistlichen Leben.

Der Baum ist unsere Urheimat. Bei vielen Stammesvölkern gibt es die Vorstellung, dass der menschliche Körper ein Evolut des Baumes ist. Im vedischen und im griechischen Denken ist der Mensch ein »umgekehrter Baum« (*arbor inversa*). Man spricht vom Bronchial*baum*, von der Arterien*verzweigung* und von der Gefäß*verästelung*. Als ein baumähnliches Gebilde lebt das Baby im Mutterschoß: Umschlossen von feinsten Ästchen der mütterlichen Blutgefäße trinkt das kleine Wesen vom Ahnenbaum sein Erbgut. Wenn wir zum Baum kommen, kommen wir zu unserem Entstehungsort. Darum haben wir eine Urfaszination für Bäume. Wir regenerieren schnell unter Bäumen oder in Wäldern: Dort sind wir in allen Erdteilen wirklich zu Hause. Gott kann die schlafende Seele unter einem Baum mit seiner Lebensglut berühren und erfrischen.

Die verborgene Wurzel des Baumes weist auf das Geheimnis der Wirklichkeit hin, auf den göttlichen Wurzelgrund, »woraus wir entstehen, wodurch wir leben und wozu wir zurückkehren« (Tait. Up. 3,1,1). Wer nicht bereit ist, zum Grund zu gehen, geht zugrunde. Wer keine Wurzel hat, wächst in keine Zukunft. So wie der Stamm des Baumes um den verborgenen Wurzelstock weiß, so hat Jesus in seinem tiefsten Bewusstsein um Gott gewusst: »Ich komme aus dem Vater hervor« (Joh 16,28). »Ich lebe durch den Vater« (Joh 6,57). »Der Vater, der die Lebensquelle ist, hat mich zum Lebensträger gemacht« (Joh 5,26). »Der Vater hat mich ausgesandt« (Joh 7,29). »Ich bin im Vater, der Vater ist in mir« (Joh 10,38). Der Gott, den Jesus Vater nannte, ist nicht eine oben über den Himmelsgewölben thronende patriarchalische Gottesfigur, sondern der gebärende, nährende und tragende Mutterboden des Göttlichen: Das, *woraus* er lebte. So dürfen wir im Licht der Erfahrung Jesu Gott als Wurzelgrund unseres Seins betrachten.

Vom Vater

bin ich ausgegangen.

Joh 16,28

Der Sohn ist geboren

aus der Gebärmutter des Vaters

(de utero Patris).

Ambrosius, PL 16,642

Meditation

SITZ — Ich sitze aufrecht und entspannt und bin wie ein Baum in der Erde verwurzelt.

ATEM — Mit jedem Ausatmen spüre ich das Hineinwachsen der Wurzeln nach unten, und mit jedem Einatmen erlebe ich den Aufstieg der Erdenkraft nach oben in den Bauch- und Beckenraum.

BEGLEITBILD — So wie der Stamm das Verwurzeltsein im Mutterschoß der Erde empfindet, so nehme ich das Verwurzeltsein im Mutterboden des göttlichen Vaters dankbar wahr.

ÜBUNGSWORT — Mit jedem Atemzug wiederhole ich innerlich die Anrede Jesu, *Abba*, und lasse das Wort Jesu in mir nachklingen: ***Ich komme aus dem Vater.***

IV.2

Das Getragensein

Der Baum ist ein Ursymbol des Heils. Der Baum vermittelt den Menschen die heilende Nähe Gottes. Bäume sind so wie die im Beten auf den Himmel hin gefalteten oder ausgestreckten Hände der Mutter Erde. Sakrale Bäume wurden als Himmelsleiter angesehen. Der archaische Mensch erlebte am Baum die lebendige Verbindung mit dem Weltgeist. Darum waren die ältesten heiligen Orte Haine, die die kosmische Harmonie versinnbildlichten.

Der Baum ist eine Ursprache der Gottesoffenbarung. Die Seher des Himalayas und die Weisen von China haben meistens unter Bäumen meditiert und Unterweisungen erteilt. Buddha erhielt die Erleuchtung unter dem Bodhi-Baum. Gott erschien Abraham bei den Eichen von Mamre (Gen 18,1). Jahwe offenbarte sich Mose im brennenden Dornbusch (Ex 3,2). Unter der Eiche beruft der Engel Gideon zum Retter des Volkes (Ri 6,11). Der Herr sprach zu David durch das Rauschen in den Maulbeerbäumen (2 Sam 5,24). Der hebräische Gottesname Elohim ist von *elon* (= Eiche) abgeleitet.[11] Jesus begegnete Nathanael unter dem Feigenbaum (Joh 1,50). Jesus verwendet reichlich die Bilder der Pflanzenwelt in seinen Gleichnissen.

Jesus versteht sich als den Stamm, der den verborgenen Wurzelboden des Vaters öffnet und die heilende Nähe Gottes vermittelt: »Ich bin der Weinstock« (Joh 15,5). Wie der Stamm im Bezug auf die Wurzel, so sprach Jesus: »Ich komme aus dem Vater hervor« (Joh 16,28). »Ich lebe durch den Vater« (Joh 6,57). »Ich bin vom Vater ausgegangen und komme von ihm. Nicht von mir aus bin ich gekommen, sondern er hat mich ausgesandt« (Joh 8,42). »Ich bin im Vater, der Vater ist in mir« (Joh 10,38). »Ich und der Vater sind eins« (Joh 10,30).

Die Wurzel bezeichnet die Verborgenheit des Vatergrundes (Joh 5,37); der Stamm öffnet den verborgenen Wurzelgrund (Joh 14,7). So konnte Jesus sagen: »Der Vater, der die Lebensquelle ist, hat mich zum Lebensträger gemacht« (Joh 5,26). »Wer mich sieht, sieht den Vater« (Joh 14,9). Der Stamm ist wesenhaft eins mit der Wurzel; der Sohn ist mit dem Vater eines Wesens (*homoousios*). Und doch ist der Vater der Gebärende und der Sohn der Geborene. Christus ist die aus dem göttlichen Wurzelboden heraus wachsende und uns im *Jetzt* tragende Gegenwart Gottes.

Er ist das Ebenbild
des unsichtbaren Gottes.
Kol 1,15

Gott hat das Wort hervorgebracht,
wie die Wurzel
den Sprössling hervorbringt.
Tertullian, Adv. Prax. 4

Meditation

SITZ Ich sitze aufrecht und entspannt und bin wie ein Baum in der Erde verwurzelt.

ATEM Ich nehme den durch die Wirbelsäule fließenden Strom des Atems dankbar wahr. Ich atme die Wirbelsäule entlang aufwärts ein und vom Herzzentrum abwärts aus.

BEGLEITBILD Die Wirbelsäule wird als Baumstamm erlebt und darin die durchströmende Kraft des Lebens erspürt. So wie der Zweig das Getragensein durch den Stamm spürt, so erlebe ich das Getragensein durch Christus, den Weinstock, den Lebensbaum.

ÜBUNGSWORT Mit jedem Atemzug summe ich achtsam ***Jesu … OM … Jesu*** und erlebe dabei den Gehalt des Wortes: ***Bleibt in mir, ich bleibe in euch.***

IV.3

Das Genährtwerden

Der Baum ist eine Gestalt des Urmütterlichen. Die gebärende, ernährende, schützende und bewahrende Funktion der Natur wird am Baum deutlich spürbar. In fast allen alten Kulturen gab es die Vorstellung vom Weltenbaum, der aus dem Nabel des Kosmos aufragt. Diese Weltachse (*axis mundi*) verleiht allen Wesen Standhaftigkeit und Festigkeit, Fruchtbarkeit und Heilkraft. Der Weltenbaum wächst als die kosmische Mutter aus den Urquellen hervor, und durch die Vermählung der Erdenkraft mit den himmlischen Sonnenenergien sendet sie den Honigtau hernieder, der alle Lebewesen ständig ernährt. Bei den Germanen hieß er *Yggdrasil*, bei den Indern *Aswatha*, bei den Persern *Vourukasha*, bei den Ägyptern *Osiris* und bei den Chinesen *Kien-mu*.

Jeder Baum ist ein Sinnbild des unsichtbaren Weltenbaumes. Der Baum lebt vom Wasser und bewahrt auch das Wasser; er verwandelt das Wasser in den Saft des Lebens und ernährt alle Lebewesen. Der Baum ist wie ein Springbrunnen: Das Wasser des Lebens fließt in ihm ständig aufwärts und erneuert alles. Als ein fließendes Wesen ist der Baum ein Sinnbild für den belebenden göttlichen Geist, für die tragende Mütterlichkeit Gottes.

Jesus hat die Gegenwart Gottes als Lebensstrom erfahren. Er sprach nicht von einem in sich ruhenden, statischen Gott, sondern von einem Gott, der sich ewig ausgießt. So wie sich der Baumsaft aus der verborgenen Tiefe der Wurzel durch den Stamm ausgießt, so fließt der Geist aus dem Vaterboden durch den Sohn. Der Geist ist wie der lebenspendende Saft im göttlichen Strom. So sprach Jesus: »Wer dürstet, soll aus mir trinken; aus seinem Inneren werden Ströme lebendigen Wassers hervorfließen. Er meinte damit den Geist« (Joh 7,39). »Wir werden mit dem Geist getränkt« (1 Kor 12,13).

Der Gottsuchende muss »aus Wasser und Geist wiedergeboren werden« (Joh 3,5). Der Geist ist die Seinsdynamik im Göttlichen, der Strom, der den Vater und den Sohn in gegenseitiger Durchdringung (*Perichorese*) hält. Der Geist ist das Sich-selbst-Austeilen des göttlichen Lebens (Joh 6,63), das Selbst-Ausgießen der göttlichen Liebe (Röm 5,5), das Selbst-Ausströmen der göttlichen Quelle (Joh 7,39), das Selbst-Ausstrahlen des göttlichen Lichtes (Apg 2,3), die Selbstoffenbarung der göttlichen Wahrheit (Joh 14,17). Der Geist ist die immanente Kraft des Göttlichen (Apg 10,38; Lk 4,14).

Die Liebe Gottes
ist ausgegossen in unsere Herzen
durch den Heiligen Geist.

Röm 5,5

Geist ist wie das Licht,
das aus dem göttlichen Feuer erstrahlt.

Athenagoras, PG 7,1173

Meditation

SITZ Ich sitze wie ein Baum aufrecht und entspannt.

ATEM Ich nehme den die Wirbelsäule entlang aufwärts fließenden und vom Herzzentrum aus in den ganzen Leib einfließenden Lebensstrom wahr.

BEGLEITBILD Wie der Zweig den belebenden Lebenssaft spürt, so erlebe ich den sprudelnden Strom des göttlichen Geistes in mir.

ÜBUNGSWORT Mit jedem Ausatmen summe ich das Mantra ***OM*** und erlebe dabei den Gehalt des Wortes: ***Wir werden mit dem Geist getränkt.***

IV.4

Das Verwandeltwerden

Der Baum ist der Urmeister der Menschheit. Menschen haben zuerst von Bäumen gelernt, nicht aus Büchern. Als Gestaltsymbol des menschlichen Wesens kann der Baum tiefere Einsichten zum Sinn und Ziel des Lebens verleihen. Jesus war in dem tiefen Bewusstsein, dass er wie der Stamm aus dem Wurzelboden des Vaters lebte (Joh 15,5; 8,42; 6,57) und dass der Geist ihn wie der Lebenssaft erfüllte und belebte (Joh 7,39, Lk 4,18). An diesem göttlichen Selbstbewusstsein wollte Jesus uns teilhaben lassen. Darum sagte er:

»Wie mich der lebendige Vater gesandt hat, so sende ich euch« (Joh 17,18).
»Wie ich durch den Vater lebe, so werdet ihr durch mich leben« (Joh 6,57).
»Wie mich der Vater geliebt hat, so habe ich euch geliebt« (Joh 15,9; 17,26).
»Wie ich im Vater bleibe, so werdet ihr in mir bleiben« (Joh 15,10).
»Wie du, Vater, in mir bist und ich in dir bin, so sollen auch sie in uns sein« (Joh 17,21).
»Wie wir eins sind, so sollen sie eins sein, ich in ihnen und du in mir; so sollen sie vollendet sein in der Einheit« (Joh 17,23).

Das wiederholende Vergleichswort *wie* (*kathos*) weist darauf hin, dass der Glaube an Christus zur gnadenhaften Teilnahme an seiner Erfahrung der Einheit mit dem göttlichen Grund führt. »Jeder, der mit dem Herrn verbunden ist, wird ein Geist mit ihm« (1 Kor 6,17). Unser Leben vollzieht sich nicht *vor* Gott, sondern *in* Gott: in der innertrinitarischen Seinsdynamik. Aus dem einen göttlichen Vatergrund entstehen wir, *durch* den einen göttlichen Stamm (Sohn) leben wir und *in* dem einen Strom des Geistes blühen wir.

Wir sind wahrhaft Zweige des göttlichen Baumes (Joh 15,5): Wir sind Erben Gottes, Miterben Christi (Röm 8,17); Wir sind Söhne/Töchter Gottes (Röm 8,16), Glieder des Leibes Christi (1 Kor 12,12). Wir sind Tropfen des göttlichen Ozeans (Teresa von Ávila), Flammen des göttlichen Feuers (Johannes von Kreuz), Fünklein Gottes (Meister Eckhart). So erfassen wir die durch Jesus vermittelte Antwort des Baumes auf die Frage: *Wer bin ich?* In Christus ist Gott Mensch geworden, um die in uns verborgene Göttlichkeit wachzurufen.

Wer sich an Christus bindet,
ist ein Geist mit ihm.

1 Kor 6,17

Der Geist Christi stellt
die Göttlichkeit in uns
wieder her.

Cyrill von Alexandrien, PG 75,1088

Meditation

SITZ Ich sitze aufrecht und entspannt, wie ein Baum im Göttlichen verwurzelt.

ATEM Ich nehme den von der Wirbelsäule aus den ganzen Leib belebenden Atemstrom wahr.

BEGLEITBILD Wie der Zweig die ernährende und erneuernde Lebenskraft spürt, so erlebe ich die Verwandlung, die ständig durch den Strom des Heiligen Geistes in mir geschieht.

ÜBUNGSWORT Mit jedem Atemzug wiederhole ich innerlich: ***eins in dir,*** und erspüre dabei den Gehalt des Ausdrucks: ***Wir sind Zweige am göttlichen Baum.***

IV.5

Das Verbundensein

Der Baum ist ein soziales Gebilde. Er symbolisiert den gesellschaftlichen Zusammenhalt der Menschen. Am Baum ist eine enorme Vielfalt vorhanden, aber auch eine tiefe Einheit. Keine zwei Blätter sind genau gleich an einem Baum, trotzdem bilden sie alle eine biologische Einheit. Ein einziger Lebensstrom verbindet sie alle und belebt sie. Der Baum ist eine Symphonie der Natur. Die Vielfalt respektieren und gleichzeitig die Einheit wahrnehmen – dies ist das Grundprinzip des gesellschaftlichen Zusammenlebens. Die Andersartigkeit des anderen respektieren und gleichzeitig das tief Verbindende zulassen – dies ist die Dynamik der Liebe. Dafür ist der Baum ein tiefes Symbol.

Der Baum ist ein Symbol für das Teilen. Alles, was jedes Blatt durch die Photosynthese als Nahrung herstellt, wird an alle anderen verteilt. Kein Blatt lebt für sich allein. Der Baum ist ein Wesen der ganzheitlichen Großzügigkeit. Er behält gar nichts für sich, gibt alles her: Schutz und Schatten, Blüten und Früchte, Blätter und Holz. Der Baum macht es deutlich, dass die Grundstruktur des Kosmos Selbsttranszendenz ist, dass die Grundausrichtung des Menschen Selbsthingabe ist. Das Leben entfaltet sich in dieser Seinsdynamik.

Mit dem Bild des Weinstocks macht Jesus deutlich, wie wir Menschen tief miteinander verbunden sein sollen. »*Wie* der Vater mich geliebt hat, habe ich euch geliebt« (Joh 15,9); »*Wie* ich euch geliebt habe, sollt ihr einander lieben« (Joh 15,12). Liebe ist ein göttlicher Kraftstrom (Joh 17,26). Wie der Saft des Baumes fließt sie aus dem Wurzelboden des Vaters durch den Sohn im Geist in unsere Herzen hinein. Liebe ist nicht einfach eine Emotion, die wir erzeugen, sondern eine göttliche Kraft, die wir empfangen (Röm 5,5). Echte Liebe entspringt aus der göttlichen Quelle, die tief in uns verborgen ist. Eine solche Liebe baut eine sakrale Beziehung auf. Jeder Mensch wird als Kanal der Gegenwart des göttlichen Geistes angesehen, als Zweig des göttlichen Baumes geachtet (Joh 15,5), als Tempel Gottes respektiert (1 Kor 6,19), und als Sohn/Tochter Gottes angenommen (Röm 8,16). In einer solchen Beziehung entfaltet sich das vom Geist belebte Gemeinschaftsleben. Die Kirche, die Jesus initiierte, ist das lebendige Symbol dieser sakralen Beziehung. In der Kirche werden wir gegenseitig Sakramente: Vermittler der Gnade Gottes füreinander. Charismen sind Sprache des Geistes. Ämter sind Dienstformen. Grenzen der Kirche erweitern sich mit der Beweglichkeit des Geistes, *der weht, wo er will.*

Wir sind Glieder am Leib Christi,
die zueinandergehören.

Röm 12,5

Ich bin der Weinstock, ihr seid die Reben.
Liebt einander so, wie ich euch geliebt habe.

Joh 15,5.12

Meditation

SITZ Ich sitze aufrecht und entspannt wie ein Baum, innerlich tief verbunden mit allen Wesen.

ATEM Ich atme die Wirbelsäule entlang aufwärts ein und vom Herzzentrum aus in die Hände und Füße aus. Und weiter spüre ich, wie die Lebenskraft über den Leib hinaus nach außen dringt. Ich atme eigentlich durch andere Lebewesen und sie durch mich. In dem einen kosmischen Strom des Lebens sind wir alle miteinander verbunden.

BEGLEITBILD Wie die Zweige miteinander verbunden sind, so erlebe ich das vom Geist Gottes belebte Verbundensein mit allen Wesen, mit Menschen und Dingen der Natur. Am göttlichen Baum sind wir Zweige voneinander, miteinander und füreinander.

ÜBUNGSWORT In tiefer Verbundenheit mit allem wiederhole ich in jedem Atemzug ein Wort wie ***Liebe*** oder ***Güte*** und sinne über den Gehalt des Bildes nach: ***Wir sind Zweige zueinander.***

V. Der Quellbrunnen: Meditationen mit Johannes

In der Meditation geht es nicht darum, dass wir durch die Übung in uns einen besonderen Bewusstseinszustand erzeugen, sondern darum, dass wir uns des tief in uns vorhandenen Heilsgeschehens bewusst werden. Die heilende Gegenwart Gottes ist wie eine verborgene Quelle in uns, die sich wie durch einen Springbrunnen ausgießt. Durch die Übung lassen wir uns auf den inneren Weg dahin ein, lassen wir den daraus fließenden Strom in uns zu.

Die frühchristlichen Mystiker bezeichneten den trinitarischen Lebensprozess in uns mit dem Bild des Quellbrunnens: Der göttliche Vater ist wie eine verborgene Quelle, die sich in dem Brunnen, der den Sohn symbolisiert, öffnet und so den Geist als den göttlichen Strom ausgießt. In der Meditation wächst die Wahrnehmung, »dass aus unserer Leibmitte Ströme des göttlichen Wassers hervorsprudeln« (Joh 7,39).

Da Jesus ausdrücklich von der Leibmitte (*koilia*) sprach, sollen wir die verwandelnde Gegenwart des Geistes leibhaft erspüren. Die Texte des Johannesevangeliums und der Kirchenväter der frühen Jahrhunderte begleiten uns auf diesem inneren Prozess.

- ▶ Mit großem Vertrauen lasse ich mich auf den inneren Weg ein.
- ▶ In tiefer Stille erfahre ich den Vater als die verborgene göttliche Quelle.
- ▶ In Dankbarkeit erkenne ich Christus als den die göttliche Quelle öffnenden Brunnen.
- ▶ In Einheit mit allen Wesen erspüre ich den Geist als den belebenden göttlichen Strom.
- ▶ Mit Freude erlebe ich, wie der Strom des Geistes durch mich hindurchfließt.

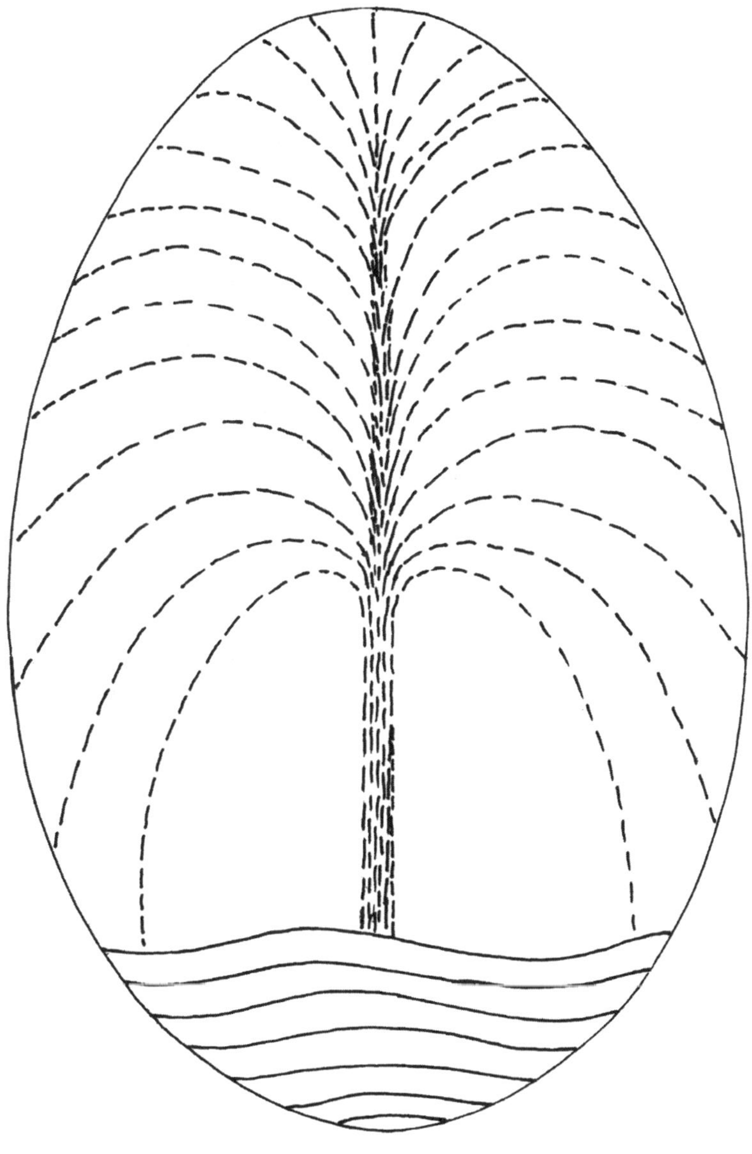

V.1

Der Weg in die Tiefe

Geistliches Leben ist ein Prozess der Entdeckung und Verwirklichung des wahren Wesens, das tief in uns in der Gegenwart Gottes verborgen ist. Man könnte diesen Prozess mit dem Brunnenbohren vergleichen. Mit der Gewissheit, dass eine in der Tiefe verborgene Quelle vorhanden ist, lässt man sich auf den schweren Weg ein. Man nimmt die Beschaffenheit der Erde so an, wie sie geworden ist, und setzt sich mutig und hoffnungsvoll dafür ein, die Quelle zu erreichen, die tief in der Erde liegt. Es ist wie die Suche nach dem verborgenen Schatz im Ackerboden (Mt 13,44; Chand. Up. 8,3,2).

Der Weg zu dieser inneren Gegenwart Gottes führt uns durch verschiedene Schichten des Bewusstseins. Wenn man einen Brunnen bohren will, muss man die weichen, aber auch die harten Schichten der Erde durchstoßen. Oft erlebt man Widerstände. Aber die Suche nach der verborgenen Wasserader kann so unbeirrbar sein, dass man die Blockaden allmählich überwindet und in die Tiefe gelangt.

Wer sich auf den inneren, geistigen Weg begibt, erlebt Momente der Dunkelheit, Phasen der Trockenheit, harte, steinige Schichten des Unterbewusstseins und verwirrende Blockaden. Unterdrückte Aggressionen, unverarbeitete Verletzungen, unerfüllte Bedürfnisse, Suchtneigungen, Schuldgefühle, Neid, Hass, Habgier und viele andere derartige negative Kräfte tauchen auf und blockieren den Weg in die Tiefe. Es ist keine Lösung, sie zu verdrängen, aber es hilft auch nicht auf dem inneren Weg, sich mit jeder Blockade im Detail auseinanderzusetzen. Wenn man beim Brunnenbohren versuchen würde, jeden durchgeschnittenen Stein zu analysieren, käme man kaum in die Tiefe. Die Psychologie kann helfen, innerpsychische Vorgänge festzustellen. Die ganzheitliche Heilung aber kommt erst aus der göttlichen Heilsquelle, die tiefer als der psychische Bereich in jedem von uns verborgen liegt: im Herzensraum, wo die göttliche Seinsdynamik aufquillt. Dass die göttliche Quelle tief in uns liegt, ist die gnadenhafte Gewissheit, die der Glaube verleiht. Sich auf diese Quelle einzulassen und sie im Leben zuzulassen, in sie hineinzutauchen und von ihr gespeist zu werden – dadurch erfährt man, was es heißt: »Aus seinem Innern werden Ströme lebendigen Wassers hervorfließen« (Joh 7,39).

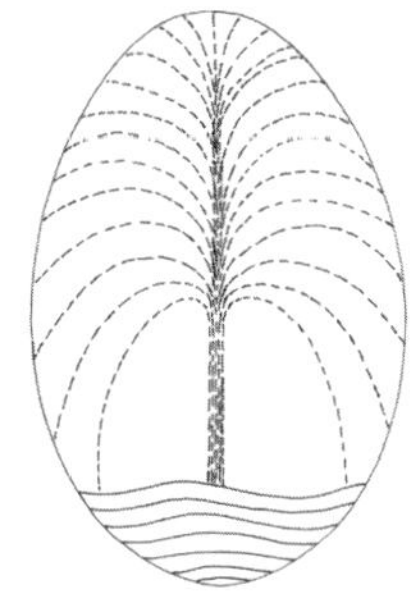

Wer an seinem Leben festhält,
verliert es;
wer es loslässt,
wird es bewahren zum göttlichen Leben.

Joh 12,25

Ich tue nicht das, was ich will,
sondern das, was ich hasse.

Röm 7,15

Meditation

SITZ Ich sitze aufrecht und entspannt und spüre deutlich die Verankerung in der Erde.

ATEM Mit bewusstem Atmen komme ich zu einer leibhaften Stille.

BEGLEITBILD In dieser Stille stelle ich mir meinen geistigen Weg vor wie den Vorgang des Brunnenbohrens durch die harten Erdschichten hindurch. Ich erspüre den Widerstand in den unterschiedlichen Schichten meiner Psyche, die mich blockierenden Kräfte, unverarbeitete Emotionen, verwirrende Gedanken, belastende Schuldgefühle, lebensverneinende Neigungen, Ängste, Süchte ... Ich nehme sie alle einfach wahr, ohne nach den Ursachen zu fragen oder Schuldgefühle wachzurufen. Ich nehme mich demütig an, wie ich geworden bin, und begebe mich vertrauensvoll auf den Weg der Verwandlung.

ÜBUNGSWORT Ich ahne, was es bedeutet: ***Tiefer kann ich nicht fallen als auf den göttlichen Quellgrund, aus dem ich komme.***

V.2

Der Vater als die Quelle

Das Brunnenbohren unseres Bewusstseins dauert so lange, bis wir die Gegenwart des Göttlichen als die innere verborgene Quelle in uns erahnen können. Eine Quelle sehen wir nicht, wenn wir auf der Erde stehen. Aber wir wissen, dass tiefe, lebenspendende Quellen die Wasseradern der Mutter Erde ständig speisen. Ohne sie würden wir nicht leben, würden die Pflanzen nicht wachsen, würde die Erde keinen Saft der Fruchtbarkeit hervorbringen. Die Quelle ist eigentlich nicht ein Objekt, das wir besitzen können, sondern das tragende Subjekt, das wir wahrnehmen dürfen, denn von ihr sind alle Lebewesen gespeist.

So hat Jesus Gott in seiner Tiefe erfahren: »Ich komme aus dem Vater hervor« (Joh 16,28), »Ich lebe durch den Vater« (Joh 6,57), »Wie der Vater das Leben in sich hat, so hat er auch dem Sohn gegeben, das Leben in sich zu haben« (Joh 5,26). Jesus hat den Vater als die gebärende Lebensquelle in sich erfahren: Der Sohn ist geboren »aus der Quelle, die der Vater ist« (Origenes, Johanneskommentar 3,5).

»Der Vater hat mich ausgesandt« (Joh 10,36). Der Jesus aussendende Vater ist nicht außerhalb von ihm, sondern in ihm (Joh 8,29; 10,38; 14,10.20). Wie ein Brunnen das Ausströmen der verborgenen Quelle erfährt, so hat Jesus Gott, den er Vater nannte, erfahren. »Der Vater ist in mir, ich bin im Vater; der Vater und ich sind eins« (Joh 17,21–22). Der Vater ist das göttliche *Woraus* im Bewusstsein Jesu. Der Vater ist eigentlich der gebärende, nährende, bewahrende Mutterboden des Göttlichen. Der Sohn ruht an der nährenden Brust (*eis ton kolpon*) seines (göttlich-mütterlichen) Vaters (Joh 1,18).

Und Jesus wollte, dass wir, die wir an ihn glauben, genau so (*kathos*) die Gegenwart Gottes in uns erfahren, wie er sie erfahren hat. »*Wie* mich der Vater ausgesandt hat, so sende ich euch« (Joh 17,18). »*Wie* ich aus dem Vater lebe, so werdet ihr durch mich leben« (Joh 6,57). Wir sind eingeladen, zu der inneren Erfahrung zu gelangen, damit wir in Christus aus der göttlichen Quelle genährt werden. Darum betete Jesus: »Vater, die Liebe, mit der du mich geliebt hast, soll in ihnen sein; ich habe ihnen die Herrlichkeit gegeben, die du mir gegeben hast; und ich will, dass sie alle dort bei mir sind, wo ich bin« (Joh 17,26.22.24).

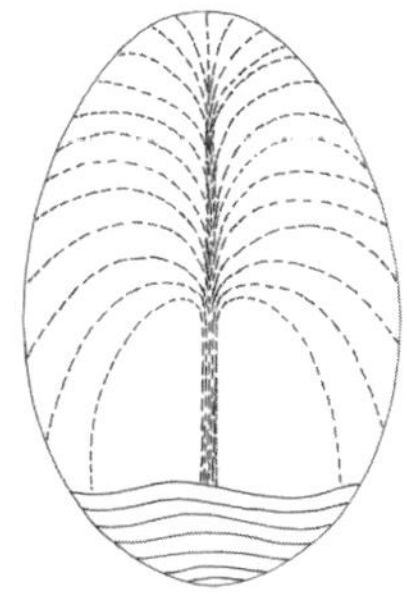

Der Sohn geht aus dem Vater hervor,
wie der Fluss aus der Quelle.

Hippolitus, PG 10,817

Der Vater ist
der Quellgrund
des Sohnes.

Ambrosius, PL 16,642

Meditation

SITZ Ich sitze aufrecht und entspannt, in der Erde verankert.

ATEM Mit jedem Atemzug erspüre ich intensiv den Strom der Lebenskraft in Bauch- und Beckenraum.

BEGLEITBILD In der leibhaften Stille nehme ich die Leibmitte wahr. Dort vergegenwärtige ich mir eine lebendige Quelle, die hervorsprudelt. Sie gießt sich ständig als Strom der Liebe aus. Mit jedem Einatmen spüre ich in diese Quelle hinein und mit dem Ausatmen erlebe ich den sprudelnden Strom, der den ganzen Leib durchflutet. Ich erlebe Gottes Gegenwart wie eine verborgene Quelle in mir.

ÜBUNGSWORT Ich besinne mich auf den Gehalt des Wortes: ***Der Vater ist die Quelle des Lebens.***

V.3

Christus als der Brunnen

Die verborgene göttliche Quelle öffnet sich in vielfältigen Formen und gießt sich in verschiedenen Heilsgestalten und Heilsmomenten der Menschheitsgeschichte aus. Aus solchen entscheidenden Heilsmomenten (*Kairoi*) der Selbstausgießung des Göttlichen entstehen die großen Religionen. Der Heilsbringer wird als Brunnen des Heils verstanden und verehrt.

Wir Christen haben in Jesus Christus die Öffnung der verborgenen göttlichen Heilsquelle erfahren. Die göttliche Quelle, die Jesus Vater nannte, gießt sich in und durch den Sohn aus. Der Sohn ist das Selbstherausfließen des göttlichen Quellbrunnens, das Selbstheraustreten des Vatergrundes. Der Sohn öffnet die verborgene Lebensquelle des Göttlichen. Der *Sohn* ist ein Symbol für die totale Selbstergießung Gottes. Gott-in-sich (*Entstasis*) ist der Vater; Gott-außer-sich (*Ekstasis*) ist der Sohn.

Wie der Wasserstrahl eines Springbrunnens, so lebte Jesus unter uns aus der Quelle des Göttlichen. Mit diesem Brunnenbewusstsein lädt Jesus uns zu sich ein: »Wer Durst hat, komme zu mir und trinke« (Joh 7,37). »Wer von dem Wasser trinkt, das ich ihm gebe, wird niemals mehr Durst haben« (Joh 4,14). Jesus spricht mit der Erkenntnis, dass die göttliche Quelle sich durch ihn aufgetan hat. »Ich lebe *aus* dem Vater, durch den Vater, im Vater (Joh 5,26; 6,57; 8,29; 14,11).

Jesus zeigte sich als der *Weg* zur Heilsquelle (Joh 14,6), als das Leben, das aus der göttlichen Quelle hervorfließt (Joh 5,26). Darum konnte Petrus den Glauben der Urgemeinde ekstatisch ausdrücken: »Du bist der Sohn des lebendigen Gottes.« In anderen Worten: Du bist das Ausfließen der verborgenen göttlichen Heilsquelle (Mt 16,16). Als Jünger Jesu nehmen wir ihn als den Brunnen, der uns zur Quelle des göttlichen Geistes führt, denn »die Liebe Gottes ist ausgegossen in unsere Herzen durch den Geist Christi« (Röm 5,5). Christus ist der aus der Verborgenheit des Göttlichen heraus in die Gegenwart, in unsere Mitte hinein sich öffnende göttliche Brunnen. Auf unserem inneren Weg können wir uns auf diesen Brunnen verlassen. Sonst suchen wir anderswo Heilsquellen, ohne zu wissen, dass sie oft Zisternen sind, die keine göttliche Tiefe haben.

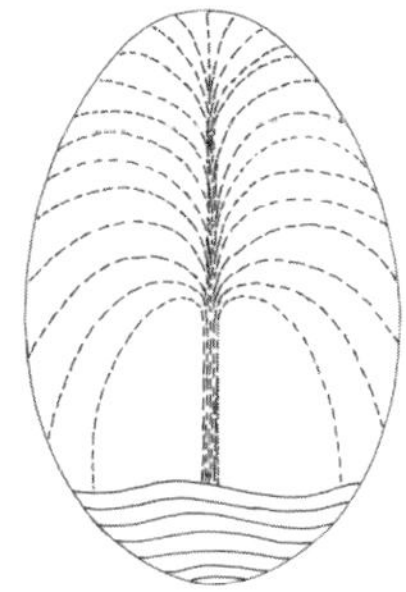

Wer Durst hat,

komme zu mir und trinke.

Joh 7,37

Gott hat das Wort hervorgebracht,

wie die Quelle den Strom hervorbringt.

Tertullian, Adv. Prax. 4

Meditation

SITZ

Ich sitze aufrecht und entspannt und komme zur leibhaften Stille.

ATEM

Mit jedem Atemzug nehme ich den in der Wirbelsäule aufwärts und abwärts fließenden Lebensstrom wahr.

BEGLEITBILD

Ich erlebe die Gegenwart Gottes, die sich wie ein Brunnen in meiner Leibmitte öffnet, die wie der Wasserstrahl eines Springbrunnens in mir aufsteigt. Darin erkenne ich die heilende und belebende Gegenwart Christi in mir. Ich lasse meine inneren Blockaden von diesem Strom auflösen und verwandeln. Bei jedem Ausatmen spüre ich, wie dieser Heilsstrom in den ganzen Leib einfließt.

ÜBUNGSWORT

Mit jedem Ausatmen summe ich ***Jesu … OM … Jesu*** und erspüre dabei innerlich die heilende Kraft der Einladung Christi: ***Wer durstig ist, komme zu mir und trinke.***

V.4

Der Geist als Strom

Gottes Gegenwart in unserer Tiefe ist wie eine aus sich herausströmende Quelle. Aus der verborgenen Quelle, die der Vater ist, öffnet sich der Sohn als Brunnen und gießt sich der Geist aus. Der Geist ist die göttliche Energie, die die verborgene göttliche Quelle aktiviert, und die Kraft, die die Quelle zu einem gebärenden Mutterboden macht. Der Geist lässt den Sohn wie einen Springbrunnen aus der göttlichen Quelle hervorkommen. Im Geist gebiert der Vater den Sohn. Der Geist ist die Seinsdynamik (Apg 10,38; 1 Kor 2,10) im Göttlichen, denn der Vater ergießt sich in den Sohn durch den Geist. Der Geist bringt die *Perichorese* hervor: die Durchdringung von Vater und Sohn. Der Geist ist die Liebeskraft, die den Vater und den Sohn bindet, die Lebensenergie, die Vater und Sohn füllt. Der Geist ist der Tanz, der das Göttliche in Bewegung setzt. Der Geist ist gleichzeitig die verbindende und die hinaustreibende Kraft, die Energie der göttlichen Fruchtbarkeit, und die weibliche Dimension im Göttlichen, die gebärende, belebende, bewahrende Mütterlichkeit im Göttlichen.

Das Wasser ist in der Bibel durchgehend ein Grundsymbol für den göttlichen Geist. Die Gegenwart des Geistes ist wie »eine nie versiegende Quelle« (Jes 58,11), »der Quell des lebendigen Wassers« (Jer 2,13), »die Quelle des Lebens« (Ps 36,9). Der Geist ist der göttliche Lebensstrom, der sich aus dem Vater zum Sohn hin ergießt und der weiter als Liebesstrom durch den Sohn in unsere Herzen einfließt. So sind wir alle »mit dem einen Geist getränkt« (1 Kor 12,13).

Jesus erfuhr das Göttliche nicht als eine in sich ruhende Wirklichkeit, sondern als den sich ständig ausgießenden Quellbrunnen. Der Geist ist der innere Antrieb, der Strom, der das Ausfließen ermöglicht. Mit dieser Seinsdynamik ist Gott *Geist*. Dieser göttliche Antrieb hat Jesus ständig vorwärtsgetrieben: Sein ganzes Sein in Worten und Werken war das Herausströmen des Geistes Gottes (Lk 4,1.14.18; 10,21). So hat er die geistig Durstigen zu sich eingeladen: »Kommt zu mir und trinkt!« Man wird dabei »das Ausströmen des göttlichen Geistes aus der Seinsmitte« erleben (Joh 7,37–39). Die Verwandlung des Bewusstseins *in Christo* ist wie eine Neugeburt aus Wasser und Geist (Joh 3,5).

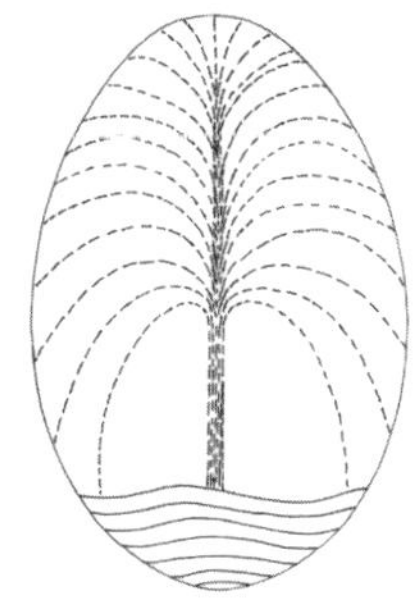

Aus deinem Herzen werden
Ströme lebendigen Wassers fließen;
damit meinte Jesus den Geist.

Joh 7,39

Durch den heiligen Geist
ist die Liebe Gottes
in unsere Herzen ausgegossen.

Röm 5,5

Meditation

SITZ Ich sitze aufrecht und entspannt und komme zur leibhaften Stille.

ATEM Mit jedem Einatmen spüre ich den durch die Wirbelsäule aufsteigenden Atemstrom, mit jedem Ausatmen den Strom, der vom Herzzentrum aus in die Hände und Füße einfließt.

BEGLEITBILD Ich nehme die lebenspendende Gegenwart des göttlichen Geistes in mir wahr wie einen aus sich heraussprudelnden Strom. Gottes Quelle öffnet sich in mir; Gottes Atem atmet in mir; Gottes Geist belebt mich. So bin ich selbst zu einem Springbrunnen des Geistes geworden.

ÜBUNGSWORT Mit jedem Ausatmen summe ich ***OM*** und erlebe dabei den Gehalt des Wortes: ***Aus dir werden Ströme des Geistes fließen.***

V.5

Wir sind Kanäle des göttlichen Wassers

Wenn wir uns der verborgenen Quelle des Vaters in der Tiefe des Bewusstseins öffnen, aus dem Brunnen Christi trinken, den Strom des göttlichen Geistes in uns einlassen, werden wir die belebende, erfrischende und verwandelnde Kraft des Geistes erfahren. Wir werden vom Wasser des Heiligen Geistes getränkt. So werden wir selbst zu Kanälen der göttlichen Liebe in der Welt. In uns und durch uns wird der Geist Gottes in der Welt wirksam. Unsere Worte und Werke werden den Menschen Gottes Nähe vermitteln. Unsere Gedanken und Gefühle werden durchlässig für die Gegenwart Gottes. Durch unser Dasein machen wir Gott gegenwärtig in der Welt. Unsere Liebe wird das Sakrament der Liebe Gottes sein und unser Leben ein Ausfließen der göttlichen Barmherzigkeit in die Welt. »Wenn wir uns von Gottes Geist leiten lassen, dann sind wir Söhne/Töchter Gottes, Erben Gottes und Miterben Christi« (Röm 8,17).

Das Symbol des Stroms hat einen noch tieferen Sinn. Jesus sagte: »Wer aus mir trinkt, aus dessen *Inneren* werden Ströme des lebendigen Wassers fließen« (Joh 7,38). Der griechische Ausdruck *ek tes koilias* bedeutet eigentlich wörtlich: aus seiner Leibmitte, aus der Gebärmutter. Darum deuten die Mystiker diesen Vorgang so: Wer sich für die geistige Nahrung Christi öffnet, wird vom Geist Christi befruchtet und dadurch vom Geist schwanger und gebiert Christus in die Welt. So gebiert sich Gott in uns und durch uns (Origenes, Augustinus, Gregor von Nyssa). Wir sind berufen, Kinder Gottes zu sein, aber auch Mütter Gottes zu werden. »Ich gebäre den, von dem ich geboren bin« (Meister Eckhart). Die Kirchenväter sprachen oft von der *Gottesgeburt* im Menschen.[12] Wer mit dem Geist Christi getränkt wird, ist »ein Geist mit ihm« (1 Kor 6,17). Der Glaube an Christus verwandelt uns zu Vermittlern der heilenden Ströme des Geistes, zu Kanälen des göttlichen Lebens, zu Medien der Gnade Gottes, zu Wegen der Liebe Gottes, zu Werkzeugen des Reiches Gottes.

Dies alles bedeutet aber auch eine große Verantwortung. Wir sind berufen, bei der Neugestaltung der Welt durch den Geist Christi mitzuwirken. Unser Einsatz für Gerechtigkeit und Umweltschutz, unsere Werke der Barmherzigkeit und des Friedens, unser liebevoller Umgang in der Familie oder Nachbarschaft – all das trägt dazu bei, dass Gottes Geist die neue Schöpfung hervorbringt. In und durch uns nimmt das Reich Gottes Gestalt an.

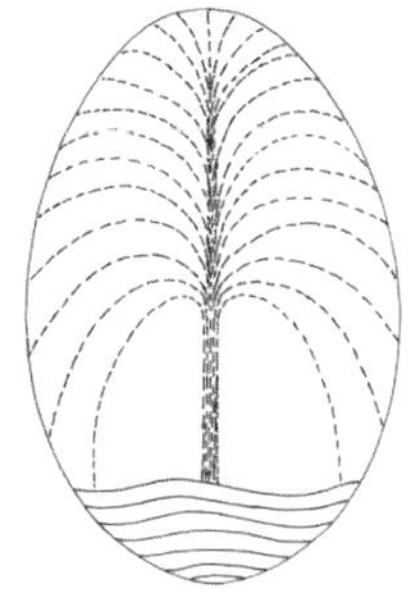

Das Wasser, das ich dir gebe,
wird in dir zur sprudelnden Quelle werden.

Joh 4,14

Im innersten Quell,
da quelle ich aus
im heiligen Geist.

Meister Eckhart[13]

Meditation

SITZ Ich sitze aufrecht und entspannt und komme zu einer tiefen leibhaften Stille.

ATEM Ich atme die Wirbelsäule entlang aufwärts ein und vom Herzzentrum aus in die Hände und Füße aus. Und weiter spüre ich, wie die Lebenskraft über den Leib hinaus nach außen dringt.

BEGLEITBILD Gottes Geist, der wie ein Springbrunnen die göttliche Quelle öffnet, macht mich zum Strom seines Lebens. Ich nehme mich wie einen Rinnsal wahr, der aus dem Fluss Christi fließt, oder als einen Strom, der aus dem Brunnen Christi hervorgeht. Durch mich fließt die lebenspendende Kraft des Geistes nach außen und speist die anderen Wesen. Ich bin dadurch ein Kanal der verwandelnden Gegenwart des Geistes in der Welt.

ÜBUNGSWORT Mit jedem Ausatmen summe ich ***Jesu ... OM ... Jesu*** und erlebe dabei den Gehalt des Wortes: ***In mir öffnet sich die Quelle des göttlichen Lebens.***

VI. Das Weizenkorn: Meditationen mit Meister Eckhart

Der mystische Weg ist ein Weg der ganzheitlichen Verwandlung. Von der engen Ichhaftigkeit ist man befreit und wird zu einer All-Einheitserfahrung geführt. Die verborgenen spirituellen Kräfte der Neugeburt werden dadurch freigesetzt. Ein treffendes Bild dafür ist der Werdegang des Weizenkorns. Anhand dieses Symbols beschreibt Jesus seinen Weg mit uns (Joh 12,24).

Bei den folgenden Meditationen ist es wichtig, sich mit dem Weizenkorn zu identifizieren und dem Werdegang innerlich nachzuspüren. Die hier angegebene, mit dem Atemzug verbundene Übungsreihe ist Karlfried Graf Dürckheim zu verdanken.[14]

Die begleitenden Texte stammen von Meister Eckhart. Dieser große deutsche Mystiker (1260–1328) ermutigte jeden suchenden Menschen seiner Zeit: Geh auf deinem Weg! Über die vertrauten Gottesbilder und herkömmlichen Gebetsformen hinaus soll jeder dem Geist innerlich Raum geben.

Die in den Klammern angegebenen Seitenzahlen beziehen sich auf die Seiten von: Dietmar Mieth (Hg), Meister Eckhart. Einheit in Sein und Wirken, München 1986.

- Ich lasse das enge Ich-Gefühl los.
- Ich lasse mich auf den göttlichen Grund nieder.
- Ich lasse mich mit dem göttlichen Grund eins werden.
- Ich lasse mich durch den göttlichen Lebensstrom neu werden.
- Ich nehme die tiefe Verbundenheit mit allen Wesen im Göttlichen wahr.

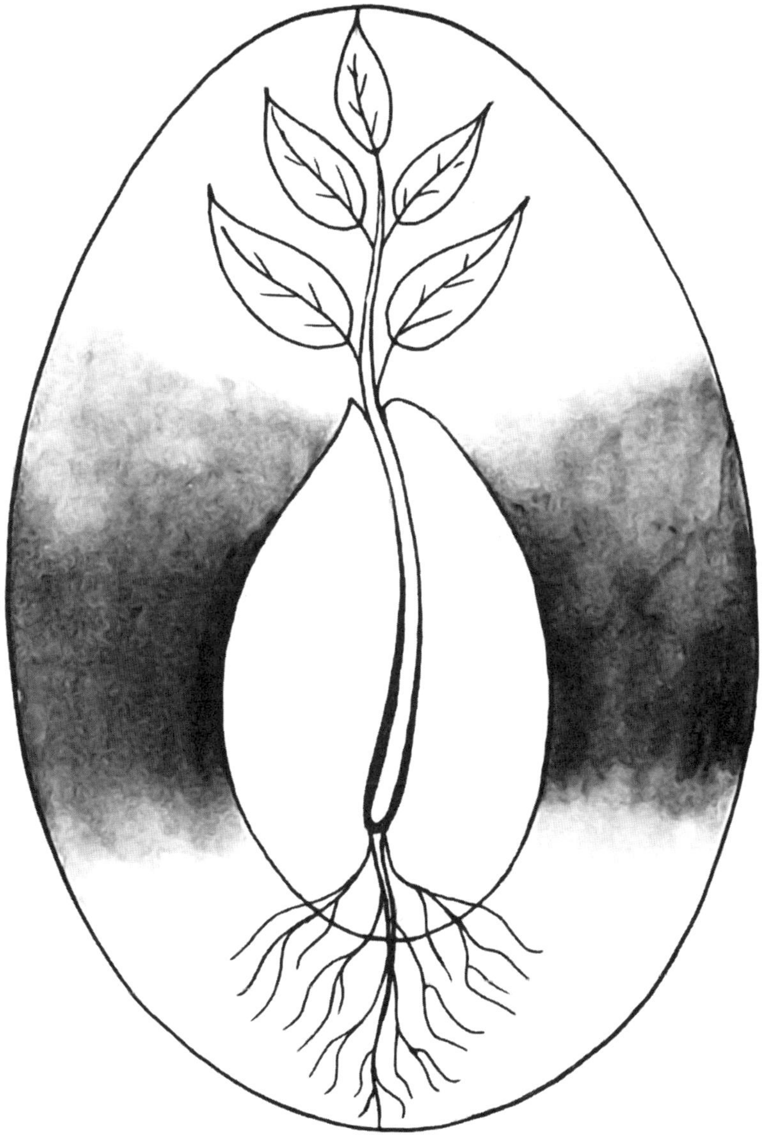

VI.1

Loslassen

Verzichte, und genieße das Leben – dies ist eine Grundbotschaft der Mystiker aller Religionen. Durch Verzicht erreichen wir innere Freiheit und lassen dem Geist Raum, damit er unser Leben verwandelt. Um diesen Verwandlungsweg zu verdeutlichen, spricht Jesus vom Werdegang des Weizenkorns (Joh 12,24).

Das Weizenkorn hat zwei Möglichkeiten: Bleibt es in der Getreidedose, so endet sein Leben im Backofen; lässt es sich jedoch aussähen, dann wird es zur Mutter von Hunderten von Körnern. Der zweite Verwandlungsweg verlangt, dass das kleine Korn seine vorläufige Sicherheit aufgibt. Auf die Wärme und die Geborgenheit, die es in der kleinen dunklen Welt der Dose erlebt, muss es verzichten, wenn es in die Freiheit der Sonnenwelt hineinwachsen will.

Verzichten macht uns Menschen innerlich frei. Meister Eckhart bezeichnet das als Abgeschiedenheit. Auch »wenn der *äußere Mensch* sich in vielen Betätigungen befindet, bleibt doch der *innere Mensch* davon gänzlich frei und abgeschieden« (92). Es gibt drei Aspekte der Abgeschiedenheit:

1. Freiheit vom Ich: »Jede Bindung an das eigene Ich nimmt dir die Freiheit« (116). Wenn man mit Eigenwillen im kleinen Ich verschlossen bleibt, wird man Sklave seiner selbst.

2. Freiheit von der Welt: »Leer sein von aller Kreatur ist Gottes voll sein, und voll sein aller Kreatur ist, Gottes leer sein« (88). Wenn man sich mit Habgier an die Dinge der Welt anklammert, wird man unglücklich, denn das engt den Innenraum ein. Besitzgier macht Menschen ängstlich vor Verlust, und die Angst schlägt dann leicht in die Konsumhaltung um.

3. Freiheit von Gott: »Du musst gott*los* werden«, um Gott zu erfahren (154). Auf dem inneren Weg sollen wir vergegenständlichte Gottesbilder loslassen, damit wir innerlich Raum schaffen, um das Geheimnis des Göttlichen immer neu zu erfassen. Das Göttliche ist über Gott!

Durch Abgeschiedenheit »lassen wir Gott Gott in uns sein« (126), die Dinge der Natur Kreaturen bleiben (313) und das Ich zum wahren Selbst erwachen (46). Dann wird »Gott im Menschen fruchtbar« (115), denn Abgeschiedenheit macht den Menschen vor Gott arm (95) und vor dem Geist Gottes Jungfrau (115).

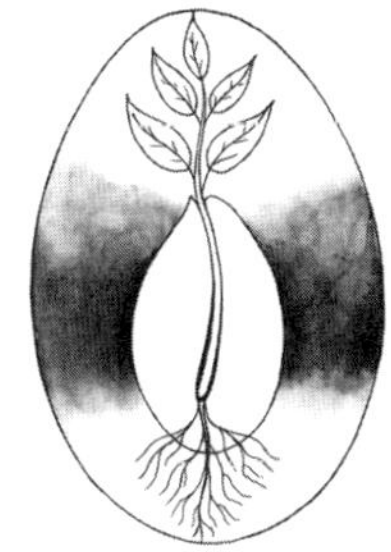

Nimm den Rost weg,
dann erglänzt,
was darunter verborgen liegt.

Meister Eckhart, 103

Abgeschiedenheit ist das Allerbeste, denn sie reinigt sie Seele,
läutert das Gewissen, entzündet das Herz, weckt den Geist,
beschleunigt das Verlangen, lässt Gott erkennen,
scheidet ab die Kreatur und vereinigt sich mit Gott.

Meister Eckhart, 97

Meditation

SITZ Ich sitze aufrecht und entspannt und komme zu einer leibhaften Stille.

ATEM Ich erspüre mit jedem Einatmen die die Wirbelsäule entlang aufwärts fließende Atemkraft und mit jedem Ausatmen die abwärts fließende Lebenskraft.

WAHRNEHMUNG Ich nehme alles wahr, was mich momentan beschäftigt und bedrängt: Dinge und Menschen, Aufgaben und Verpflichtungen, Ängste und Probleme, aber auch meine Gottesbilder.

ÜBUNGSWORT Am Anfang jeden Ausatmens sage ich innerlich: ***Loslassen***. Dabei gebe ich meine Neigung zum Festklammern auf. Mit Vertrauen lasse ich mich auf den Verwandlungsweg des Geistes ein.

BEGLEITBILD Das Fallen des Weizenkorns aus dem vorläufigen Sicherheitsgefüge begleitet und ermutigt mich.

VI.2

Sich niederlassen

Das Weizenkorn lässt sich auf die Erde fallen. Die Mutter Erde fängt es liebevoll auf. Und dort beginnt ein Verwandlungsprozess, der mit dem Schmerz des Todes verbunden ist. Die Schale des Körnchens bricht, und das kleine Wesen liegt entblößt und vereinsamt im Schoß der Erde. Das, woran es bis jetzt festgehalten hat, muss es ganz loslassen und sich auf den Erdenboden niederlassen. Das Fallen auf die Erde bedeutet für das Weizenkorn eine Erschütterung, aber zugleich ein Heimkommen: Angst vor Verlust der bisherigen Identität, aber auch Hoffnung auf eine neue Identität.

Der Mensch lässt sich auf den göttlichen Grund nieder. Eckhart verwendet oft das Symbol *Grund*, um die tragende Gegenwart des Göttlichen darzustellen. Den Unterschied, den er durchgehend im Erfahrungsbereich macht zwischen *Gott* und *Gottheit*, ist sehr hilfreich. *Gott* ist der personal aufgefasste und im Verstand aufgefangene Gegenstand der Vorstellung; die *Gottheit* (das Göttliche) ist die transpersonale Gegenwart, die wir intuitiv wahrnehmen und in der Kontemplation erfahren. »Gott und Gottheit sind sehr verschieden. *Gott* wird, wo alle Geschöpfe Gott aussprechen. Als ich noch im Grunde, im Boden, im Strom und Quell der *Gottheit* stand, da fragte mich niemand, wohin ich wollte und was ich täte. Dort entwird Gott« (193f).

Auf dem inneren, mystischen Weg relativieren wir die *Gottes*bilder (120) und lassen uns auf den göttlichen Grund nieder. Es ist eigentlich eine Erfahrung des Eingehens in »das verborgene Dunkel der ewigen Gottheit«(141), »in das Meer seiner Grundlosigkeit« (131), »in die schweigende Wüste im Innersten«(145f), in eine Art Gottlosigkeit (154), »ins reine Nichts« (172). Diese beängstigende Phase kann der Gottsuchende nur durchstehen, wenn er weiß, dass er nicht ins Bodenlose sinkt, dass das *Nichts* eigentlich nicht nichts ist. Dieses Vertrauen ist die Gnade des Glaubens. Jede Religion versucht durch ein Heilssymbol diese Zuversicht zu vermitteln. Wir Christen haben diese Zuversicht durch Jesus Christus erhalten. »Habt ihr keine Angst«, versicherte uns Jesus (Lk 12,7). Daraus dürfen wir Mut fassen, uns vertrauensvoll loszulassen. Heil besteht in der Einheit mit dem göttlichen Grund.

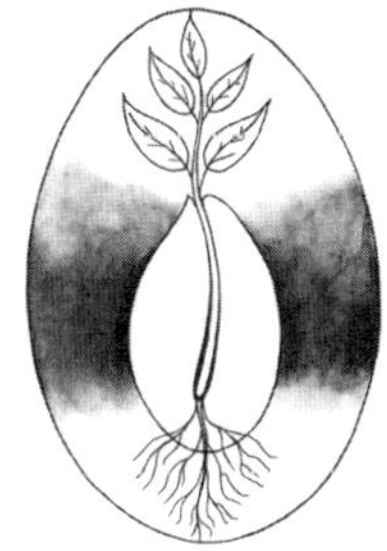

Kehre in den Grund zurück,
aus dem du gekommen bist.

Meister Eckhart, 170

Da ist Gottes Grund mein Grund
und mein Grund Gottes Grund.

Meister Eckhart, 124

Meditation

SITZ	Ich sitze aufrecht und entspannt, wenn möglich auf dem Erdboden.
ATEM	Ich erspüre mit jedem Atemzug die die Wirbelsäule entlang aufwärts und abwärts fließende Lebenskraft.
WAHRNEHMUNG	Ich nehme das Getragensein von der Mutter Erde dankbar wahr.
ÜBUNGSWORT	Gegen Ende jeden Ausatmens sage ich innerlich: ***Niederlassen!*** Dabei lasse ich mich sanft auf den göttlichen Grund nieder. Dankbar erlebe ich die tragende Kraft des göttlichen Grundes, der uns in Christus gezeigt wurde. Ich erspüre, wie mein ganzes Wesen mit all den Licht- und Schattenseiten im göttlichen Grund aufgefangen und verwandelt wird.
BEGLEITBILD	Das Aufgenommenwerden des Weizenkorns in der Erde begleitet mich und schenkt mir Vertrauen.

VI.3

Einswerden

Das Weizenkorn geht in der Erde auf. Es wird ganz eins mit der Erde, dabei aber nicht vernichtet, sondern verwandelt. Das kleine Korn wird vom belebenden Strom der Muttererde aufgefangen und dadurch mit der Erde vereinigt.

Auf unserem inneren Weg geschieht etwas Ähnliches in den tiefen Schichten des Bewusstseins. Das göttliche Leben strömt durch uns hindurch. Darin erkennen wir: »Hier ist Gottes Grund mein Grund und mein Grund Gottes Grund. Da lebe ich ebenso aus meinem Eigenen, wie Gott aus seinem Eigenen lebt« (124). Es ist die Erfahrung der *unio mystica*. »Im Einem findet man Gott, und Eins muss der werden, der Gott finden soll. Sei Eins, auf dass du Gott finden könntest!« (105). Mystik ist die Überwindung der vergegenständlichenden Denkart. In der Begegnung mit dem personalen Gott gibt es eine Unterschiedlichkeit, aber in der Erfahrung der transpersonalen Gottheit ist alles eins (193).

Aber im Lichte der christlichen Offenbarung erlebt Eckhart Gott nicht als eine in sich ruhende Wirklichkeit, sondern als eine ständig aus sich herausströmende Quelle: Gott als das Drei-Eine. Gottes Sein ist *Werden*: ein unaufhörlicher Geburtsvorgang. »In diesem *Einen*, im innersten Quellgrund, gebiert der Vater seinen Sohn. Dort entfaltet sich als Blüte der Heilige Geist« (126). »Die Kraft, in der Gott mit seiner ganzen Gottheit und der Geist in Gott grünt und blüht, in dieser Kraft gebiert der Vater seinen eingeborenen Sohn, und der Geist gebiert mit dem Vater denselben eingeborenen Sohn und sich selbst als denselben Sohn« (119f). So deutet Eckhart die innertrinitarische Lebensbewegung (*Perichorese*). Er findet die personalistischen Namen und Formen nicht hilfreich, um das Geheimnis der Trinität zu deuten. Man muss die Vorstellung der personalen Eigenschaften Gottes »draußen lassen«, um überhaupt in die Tiefe des Göttlichen hineinzuschauen (120). Kein Bild, kein Begriff, kein Gedanke trifft dort zu. Das Göttliche ist ein unergründliches Geheimnis, ein »einfältiges Schweigen« (146). Nur eines ist uns möglich: der Gegenwart ganz gegenwärtig zu sein und in die göttliche Tiefe des Augenblicks hineinzuspüren, in den »ewigen Augenblick« (118).

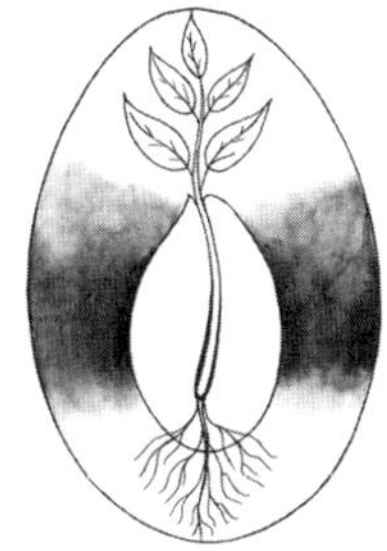

Die göttliche Natur ist Eins,
und jede Person ist auch Eins
und ist dasselbe Eine,
das die Natur ist.

Meister Eckhart, 105

Eines mit Einem,
Eines von Einem,
Eines in Einem
und in Einem Eines ewiglich.

Meister Eckhart, 110

Meditation

SITZ Ich sitze aufrecht und entspannt und nehme die Einheit mit der Erde intensiv wahr.

ATEM Ich erspüre mit jedem Atemzug den die Wirbelsäule entlang aufwärts und abwärts fließenden Strom des Lebens.

WAHRNEHMUNG Mit jedem Ausatmen erspüre ich, wie die Atemkraft mit dem Leib eins wird.

ÜBUNGSWORT Ich richte die Aufmerksamkeit auf die winzige Pause, die am Ende jedes Ausatmens spontan entsteht. Dabei sage ich innerlich: ***Eins werden lassen***. Ich lasse die gnadenhafte Wahrnehmung der tiefen Einheit mit dem Göttlichen in Christus zu.

BEGLEITBILD Ich versuche das Eingehen des Weizenkorns in den Lebenswandel der Erde nachzuempfinden.

VI.4

Neuwerden

Das Weizenkorn geht in die Erde auf, aber der Lebensstrom der Erde treibt es hoch in eine neue Seinsweise. Es stirbt zu der bisherigen Identität, aber erwacht zu einer neuen Lebensform. Eine tiefgreifende Verwandlung geschieht in dem kleinen Wesen. Von der Abkapselung befreit wird es zum Mutterboden für Hunderte von Körnern. Die Erde gebiert die Pflanze; eigentlich gebiert *sich* die Erde in der Pflanze. Jede Pflanze ist ein Stück verwandelte Erde. Was in der Form der Pflanze wächst, ist letztlich die Erde selbst. Pflanzen sind die ausgestreckten Hände, die ernährenden Mutterbrüste der Erde. Jede Pflanze würde zu sich sagen: Ich bin in der Erde, die Erde ist in mir, ich und die Erde sind eins.

Dieses Bild der Pflanze ist ein treffendes Symbol für die Verwandlung des Menschen durch den innewohnenden göttlichen Geist. Eckhart bezeichnet sie als *Gottesgeburt in der Seele*. Im innertrinitarischen Geburtsprozess sind wir Menschen ständig neu geboren. »Gott gebiert seinen eingeborenen Sohn in das Höchste der Seele. Im gleichen Vorgang, in dem er seinen eingeborenen Sohn in mich gebiert, gebäre ich ihn zum Vater zurück« (138). Unser geistliches Leben entfaltet sich eigentlich nicht so sehr *vor* Gott, sondern *im* Göttlichen, im Strom des innertrinitarischen Lebens. Die Dynamik des göttlichen Lebens kommt zum *Durchbruch* in und durch uns Menschen. Aus dem Wurzelboden des Vaters entsteht der Sohn wie der Stamm, und im Geist kommen wir als Zweige zur Entfaltung. »Aus dem Boden, aus dem der Vater sein ewiges Wort gebiert, aus demselben Boden bin ich geboren« (116).

Wenn wir Zweige des göttlichen Baumes sind, tragen wir Früchte des göttlichen Lebens, die neue Bäume erzeugen. So lassen wir das göttliche Leben in die Welt einfließen. In diesem Sinne sind wir von Gott geboren, aber gebären wir auch Gott. Wir sind nicht nur Kinder Gottes, sondern im gewissen Sinne Väter / Mütter Gottes, denn »wir gebären den, von dem wir geboren sind« (137). Für diesen mystischen Vorgang verwendet Eckhart das Bild: Die Jungfrau wird zur Mutter, denn »für Gott ist es wertvoller, dass er von jeder *Jungfrau*, das heißt jeder guten Seele geistig geboren wird, als dass er von Maria leiblich geboren wurde« (134). Den Vorgang dieser mystischen Gottesgeburt haben wir in Jesus Christus erkannt. Was in ihm geschah, geschieht in uns weiter: Gott gebiert sich in uns.

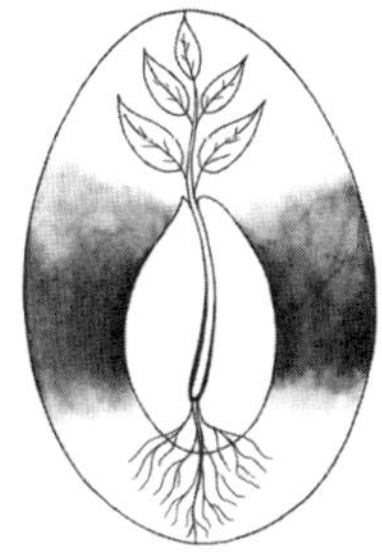

Gott wirkt
und ich werde.

Meister Eckhart, 24

Gott wird im Menschen
fruchtbar.

Meister Eckhart, 115

Meditation

SITZ	Ich sitze aufrecht und entspannt und spüre die belebende Kraft der Erde.
ATEM	Ich spüre den Atemstrom durch die Wirbelsäule auf- und absteigen.
WAHRNEHMUNG	Ich nehme den Atem dankbar wahr mit der Überzeugung: Gottes Atem atmet in mir.
ÜBUNGSWORT	Diesmal richte ich die Aufmerksamkeit auf das Einatmen und spüre, wie bei jedem Einatmen die erfrischende Lebenskraft in mich einfließt und jede Zelle meines Leibes erneuert. Mit jedem Einatmen lasse ich in mir nachklingen: ***Neu werden lassen***. Ich erlebe dabei leibhaft die Wirkung des göttlichen Geistes, der durch Christus geschenkt wird.
BEGLEITBILD	Die aus dem Weizenkorn heraussprossende Ähre bleibt als das Begleitbild für diesen Prozess.

VI.5

Ganzwerden

Das Weizenkorn wächst aus dem Mutterboden der Erde hervor. Belebt von der Sonne und beatmet vom kosmischen Lebensstrom entfaltet sich der neue Halm. Allmählich gebiert die Pflanze eine große Anzahl von Körnern. Durch den Tod des einen Kornes finden viele Körner den Weg zum Leben. Das vereinzelte Korn hat die vorläufige Identität aufgegeben, um eine neue Identität im Strom des kosmischen Lebens zu gewinnen. Die eine Sonne belebt sie alle, die eine Erde ernährt sie alle und der eine Atemstrom fließt durch alles. Die Pflanze wächst in einer tiefen Einheit mit allem.

Wenn wir zu unserem erstarrten Ich sterben und vom göttlichen Grund belebt werden, befinden wir uns in der Seinsdynamik Gottes. Wenn wir vom innewohnenden göttlichen Geist neu gestaltet werden, erfahren wir eine tiefe Verbundenheit mit allen Menschen und Dingen. Mit Freude erkennen wir, dass alles aus dem einem göttlichen Grund heraus wächst und gedeiht, blüht und Früchte trägt. Wie Zweige an dem einen einzigen, göttlichen Baum sind wir tief miteinander verbunden. Der eine Geist Gottes fließt wie der Baumsaft durch alles.

Diese Erweiterung des Bewusstseins ist ein Grundansatz der Mystik von Eckhart. Von der göttlichen Sonne durchlichtet sieht man »Gott in allem, und alles in Gott« (272). »Man schmeckt Gott in allem« (191). »Man erkennt Gott in allen Dingen« (106). Die ganze Welt wird als ein sakraler Raum wahrgenommen, als Tempel des göttlichen Geistes. Alles wirkt *in* Gott, und Gott wirkt *durch* alles, denn das Sein strömt aus der Seinsdynamik des Göttlichen hervor (272). Wer in diesem Licht aufwacht, betrachtet alles aus einer göttlichen Perspektive, denn er »bringt alle Geschöpfe in ihrem geistigen Sein in seine Vernunft, sodass sie in ihm eins sind« (193). So wird die Welt als der Ort der verwandelnden Wirkung des göttlichen Geistes wahrgenommen.

Aus dieser integralen Weltsicht wächst eine Grundhaltung der Barmherzigkeit. »Das größte Werk Gottes ist Barmherzigkeit. Das Werk der Barmherzigkeit ist Gott wesensverwandt« (130). In Liebe sind wir mit dem göttlichen Du vereint, aber in Barmherzigkeit leben wir aus dem alles belebenden göttlichen Grund heraus und nehmen an der verwandelnden Wirkung des Geistes Teil. »Das, was uns vorher ein Hindernis war, das fördert uns nun allesamt« (178).

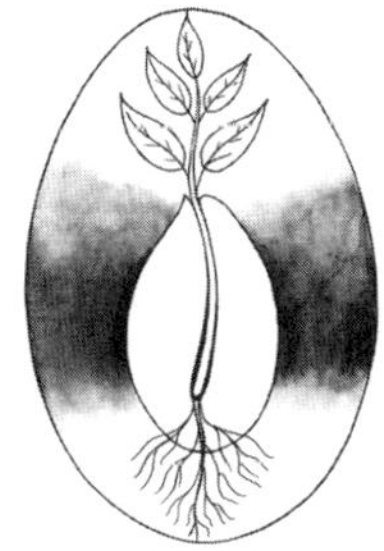

In der Liebe,
in der Gott sich liebt,
darin liebt er alle Geschöpfe mit.

Meister Eckhart, 191

Alle Dinge werden lauter Gott,
denn in allen Dingen sinnst du nichts
als lauter Gott.

Meister Eckhart, 179

Meditation

SITZ Ich sitze aufrecht und entspannt und komme zu einer leibhaften Stille.

ATEM Mit jedem Atemzug erspüre ich, wie der Lebensstrom von der Wirbelsäule aus in den ganzen Leib einfließt und über den Leib hinaus nach außen.

WAHRNEHMUNG Ich erspüre, wie ich durch alle Lebewesen atme und sie durch mich. Gottes Atem atmet durch alles. Dabei erfahre ich die beglückende Verbundenheit mit allem in dem einen Atemstrom, die belebende Einheit mit allem in Gott. Ich sitze in der Gesinnung der Barmherzigkeit.

VII. Das Licht: Meditationen mit Johannes und Paulus

In allen Religionen taucht das Licht als ein universales Symbol auf, um die Gegenwart Gottes in uns und um uns zu verdeutlichen. »Aus der Finsternis führe mich ins Licht« – dieses Gebet der upanishadischen Seher (Brih. Up. 1,3,28) artikuliert die Grundsehnsucht des Menschen nach dem befreienden göttlichen Licht. In den Meditationen könnte man erfahren, dass das göttliche Licht von innen her erstrahlt und das Bewusstsein erleuchtet. Diese Erfahrung ist allerdings eine Gnade. Aber durch die Übung kann man sich auf den Lichtweg einlassen.

Im Bereich der *buddhi/nous* schimmert in jedem Menschen das Licht Gottes, denn jeder Mensch entsteht aus der göttlichen Lichtquelle. Aber durch die dunklen Orte und die finsteren Kräfte in uns kommt dieses Licht oft nicht zutage. Auf dem spirituellen Weg begegnet dem Übenden der göttliche Lichtträger, Christus. Durch die Meditationen öffnen wir unser Herz hin auf das Licht Christi, das dann unser Bewusstsein durchleuchtet und unser Sein durchlichtet. Die Einladung Jesu, *Kinder des Lichtes* zu werden, begleitet uns bei diesen Übungen.

- Ich nehme mich mit meinen Schattenseiten ganz an.
- Ich erspüre den in der *buddhi* leuchtenden Lichtstrahl Gottes.
- Ich erkenne Christus in mir als das Erstrahlen des göttlichen Lichtes.
- Ich nehme mich als vom göttlichen Licht durchleuchtetes Wesen wahr.
- Ich betrachte die Welt in Gottes Licht.

VII.1

Die Schatten spüren

Der Weg nach innen ist letztlich ein Weg zum Licht, zum wahren Licht, das tief in uns verborgen liegt. Der Weg dorthin führt einerseits durch lichtvolle Erfahrungen; er konfrontiert uns aber auch mit bedrückenden Schattenseiten. Die negativen Erlebnisse unseres Lebens sind tief in unserem Unterbewusstsein gespeichert und hinterlassen ihre Spuren in unserer Psyche. Wenn wir ehrlich in den *inneren Dschungel* schauen, erkennen wir dunkle Orte und Höhlen der Finsternis. Beängstigende Faktoren und bedrohende Kräfte sind darin vorhanden. Einige davon prägen unseren Umgang mit Menschen und Dingen im Alltag. Andere melden sich in Traumsymbolen. So werden bestimmte Grundmuster des Verhaltens geformt, die sich dann darin zeigen, dass wir oft zornig werden, aggressiv sind, depressive Neigungen haben, alles negativ sehen, verurteilende Haltungen entwickeln oder Vorurteile aufbauen. Wir empfinden in uns eine Verweigerung zum Verzeihen, einen Mangel an Grundvertrauen und daher eine gewisse Bindungsunfähigkeit.

Das *Ich* fühlt sich vom *Du* entfremdet, eingeengt, verängstigt und bedroht. Die Konsequenz ist: Man zieht sich in die Isolation zurück. Das tiefste Leiden des Menschen ist Vereinsamung, denn sie nimmt jeden Lebensmut. Schuldgefühle werden dominant. Je mehr wir versuchen, sie durch Konsum, Alkohol, Drogen oder Promiskuität zu verdrängen, umso schlimmer wird die Lage der inneren Finsternis.

Es hat keinen Sinn, diesen unheilvollen Zustand in unseren tiefen Schichten verdrängen zu wollen. Wir sollen ihm vielmehr ins Auge schauen und bejahen, dass es in uns finstere Schichten gibt. Wir dürfen auch die lichtvollen Seiten unseres Werdeganges mit Dankbarkeit und Freude wahrnehmen. Wer seine eigene Vergangenheit bejaht, sagt *Ja* zur eigenen Zukunft. Die Meister der Religionen zeigen uns, wie wichtig es ist, sich auf dem inneren, geistigen Weg auch mit diesen bedrückenden Schattenseiten anzunehmen und verantwortungsvoll dazu zu stehen. Dies können wir nur mit einem Grundvertrauen in den liebenden Gott, von dessen Händen wir immer geführt werden: Ich darf mich annehmen, so, wie ich von Gott angenommen bin. Dann werde ich innerlich fähig, über meine Schatten hinaus ins Licht zu schauen.

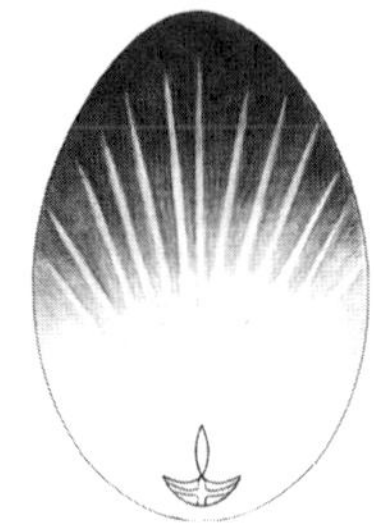

Ich bin das Licht der Welt.
Wer mir nachfolgt,
wird nicht in der Finsternis umhergehen.

Joh 8,12

Habt nichts gemein mit den Werken der Finsternis;
deckt sie auf!

Eph 5,11

Meditation

SITZ

Ich sitze aufrecht und entspannt, wenn möglich in einem verdunkelten Raum. Ich nehme die äußere Finsternis in Gelassenheit wahr und komme in eine tiefe, leibhafte Stille.

BESINNUNG

In dem inneren Raum der Stille schaue ich meine Biografie kurz an. Ich nehme die Schattenseiten ehrlich wahr. Was bedrückt mich? Was beunruhigt mich? Was macht meinen Umgang schwer für andere Menschen? Was erzeugt in mir Angst vor der Zukunft? Wo sind die ungeheilten Wunden und die unbewältigten Verletzungen in mir? Ich schaue mich an, wie ich geworden bin.

ÜBUNGSWORT

Mit Vertrauen wiederhole ich bei jedem Atemzug eine Bitte wie: ***Führe mich ins Licht.***

VII.2

Das Licht in mir wahrnehmen

Auf dem geistigen Pilgerweg kommen wir zum inneren Licht im Bereich der intuitiven Wahrnehmung (*buddhi/nous*). Es ist das innere Licht, das uns die göttliche Gegenwart erleben lässt. Es ist das Licht der Innenschau, der Einsicht. Mystiker und Meister aller Religionen sprechen von diesem »Fünklein«, das tief in jedem Menschen leuchtet. Es ist das »göttliche Licht in der Höhle des Herzens« (Kath. Up. 1,1,14), »das Licht der Lichter, verborgen im Herzen aller Wesen« (Bh. Gita, 13,18). In Gautama Siddharta ist dieses *Buddhi*-Licht erstrahlt, deshalb wird er »*Buddha*, der Erleuchtete«, genannt. Die christlichen Mystiker nennen es »das innere Licht« (Augustinus), »das Fünklein in uns« (Eckhart), »das ungeschaffene Licht« (Dionysius Areopagita), »die Flamme der Liebe« (Johannes von Kreuz). Der Islam bezeichnet es als »das Licht in der Nische des Herzens« (Koran 24,35). Dieses Organ der Innenschau wird auch als Auge bezeichnet: »das göttliche Auge« (Bh. Gita 11,8) »das dritte Auge« (Hindu Saiviten/Richard von St.Viktor), »das Auge des Glaubens« (Thomas von Aquin).

Jesus verwendete diese beiden Bilder: »Wenn dein Auge gesund ist, dann wird dein Leib ganz hell sein. Wenn dein ganzer Leib von Licht erfüllt ist, dann wird er so hell sein, wie wenn die Lampe dich mit ihren Schein beleuchtet« (Lk 11,34–36). Wenn das innere Licht aufgeht, das innere Auge geöffnet wird, sehen wir alles neu. Wir sehen alles mit dem göttlichen Auge, im göttlichen Licht. Dies ist allerdings eine Erfahrung der Gnade. Der Mensch kann von sich aus dieses Licht nicht anzünden. Er kann nur darauf warten und sich dafür öffnen. In einem begnadeten Moment geht das innere Licht auf. Solche Momente erleben wir zuweilen in unserem Leben immer wieder, und sie tragen uns.

Dieses innere Licht wird nie erlöschen. Leider kommt es oftmals wenig zum Erstrahlen, weil wir viel zu sehr in unseren Schatten verhaftet bleiben. Darum haben wir Mühe, in unser lichtvolles wahres Selbst Vertrauen zu haben und unsere Welt mit dem Auge des göttlichen Lichtes anzusehen. Durch die Meditation können wir uns für das Erstrahlen dieses Lichtes transparenter machen. Je mehr wir uns dieses inneren, göttlichen Lichtes bewusst werden, desto leichter können wir unsere Schatten annehmen und über das Finstere hinaus uns und die Welt im Licht Gottes neu sehen. Das Heil erstrahlt von innen her.

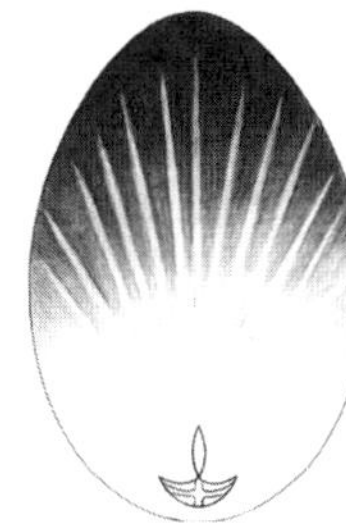

Im Logos war das Leben,
und das Leben war
das Licht der Menschen.
Joh 1,4

Seit der Erschaffung der Welt
wird Gottes unsichtbare Wirklichkeit
an den Werken der Schöpfung
mit der Vernunft wahrgenommen.
Röm 1,20

Meditation

SITZ Ich sitze aufrecht und entspannt in einem verdunkelten Raum vor einer brennenden Kerze/Öllampe. Ich komme zunächst zu einer leibhaften Stille.

BEGLEITBILD Ich versuche dann, mir eine Flamme im inneren Raum der Stille zu vergegenwärtigen. Die Flamme der Kerze vor mir könnte dabei eine Hilfe sein. Das innere Licht hat seinen Ursprung in der verborgenen Lichtquelle Gottes. Ich lasse das Licht ganz im inneren Raum aufleuchten und alles erhellen. Alles, was ich als Schattenseiten in mir wahrnehme, schaue ich in diesem inneren Licht an. Ich erspüre, wie die inneren Räume durchlichtet werden.

ÜBUNGSWORT Mit jedem Atemzug lasse ich mich auf das Wort ein: ***Dein Leib wird ganz voll Licht sein.***

VII.3

Christus als Licht erfahren

Aus der Lichtquelle des Göttlichen strahlt das Licht in die Welt. Die Schöpfung ist ein Sich-selbst-Ausgießen des göttlichen Lichtes. Die ganze Schöpfung ist ein Schwingungsfeld unsichtbaren Lichtes. Nur ein winziger Bereich ist für unser äußeres Auge wahrnehmbar. Aus diesem Schwingungsfeld gestalten sich alle Welten, Formen und Wesen durch den schöpferischen Logos Gottes: Es werde ... Durch diesen schöpferischen Logos Gottes ist alles geworden. Es ist der Urton, der alles in Schwingung bringt, die Seinsdynamik, die das ganze Universum in Bewegung setzt. Es ist der Geist Gottes, das Licht, in dem alles erschaffen ist und seinen Bestand hat. Gottes Licht durchstrahlt auch die dunklen Räume des menschlichen Bewusstseins und bringt Heil hervor. Licht ist ein Ursymbol, das in allen Religionen und Kulturen die heilbringende Nähe Gottes darstellt. Darum gibt es in den Religionen die farbenreichsten Darstellungen von durchlichteten Wesen wie Göttern/Göttinnen und Gnadenvermittlern, die die Menschen zum Licht des Heils führen sollen.

Wir Christen erfahren dieses Erstrahlen des göttlichen Lichtes in Jesus Christus. »Das wahre Licht, das jeden Menschen erleuchtet, kam in die Welt« (Joh 1,9; 3,19; 12,46). Jesus lebte in einem lichtvollen Gottesbewusstsein. Darum konnte er sagen: »Ich bin das Licht der Welt. Wer mir nachfolgt, wird nicht in Finsternis wandeln. Er wird vielmehr das Licht des Lebens haben« (Joh 8,12). Im Licht Christi dürfen wir in das göttliche Mysterium hineinschauen und erkennen, wer Gott ist – Lichtfülle –, und wer wir wesenhaft sind – Lichtträger! (1 Joh 1,5–7).

Das Erstrahlen des Lichtes Gottes in Christus ist nicht einfach ein Ereignis der Vergangenheit, sondern das Ausfließen der göttlichen Seinsdynamik im Hier und Jetzt. Christus begegnet uns aus der lichtvollen Tiefe unseres Seins, der inneren Herzenskammer. So ist uns Christus die heilende Nähe des göttlichen Lichtes in allen Bereichen des Lebens. Er ist Immanuel, Gott mit uns. Wir sind in die lichtvolle Energiesphäre des Geistes Christi aufgenommen. »Die Seele leuchtet und glänzt mit Christus als ein einziges Eins und als reines und klares Licht« (Meister Eckhart, Mieth, 117). Die Erfahrung seiner lichtvollen Gegenwart ist eine Gnade, aber auch eine Herausforderung, in seinem Licht neu zu wandeln (1 Joh 1,7).

Ich bin das Licht,
das in die Welt gekommen ist.
Joh 12,46

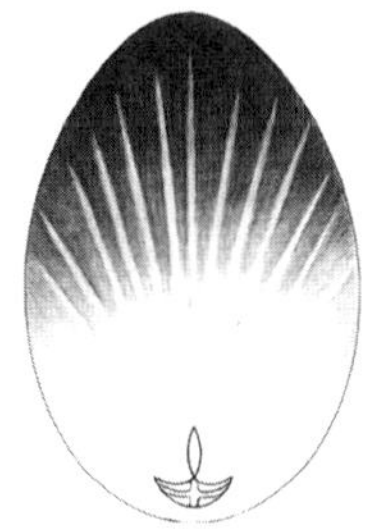

Wach auf
und erkenne Christus
als dein Licht.
Eph 5,14

Meditation

SITZ — Ich sitze aufrecht und entspannt. Als Einstieg in die Meditation kann es eine Hilfe sein, hinter die brennende Kerze/Öllampe ein Christusbild oder Kreuz zu stellen und davor zu sitzen.

WAHRNEHMUNG — Ich schaue das Antlitz Christi im schimmernden Licht an und lasse es tief auf mich wirken. Ich versuche dann, die heilende und leuchtende Gegenwart Christi in mir als aufsteigendes Licht zu erfassen.

ATEM — Mit jedem Einatmen spüre ich die Wirbelsäule entlang den aufsteigenden Lichtstrom Christi und mit jedem Ausatmen spüre ich, wie dieses Licht vom Stirnzentrum aus in meinen Leib hineinstrahlt.

ÜBUNGSWORT — Mit jedem Atemzug wiederhole ich achtsam ***Jesu … OM … Jesu***. So verweile ich in der inneren Gegenwart des Lichtes Christi.

VII.4

Sich als Lichtstrahl erleben

Die Erfahrung vom Aufstrahlen des Lichtes aus dem göttlichen Seinsgrund macht uns Menschen durchlässig für dieses Licht. Wir erkennen, dass wir Strahlen des göttlichen Lichtes sind. »Ich bin Licht!«, ruft der Erleuchtete aus (Mahan. Up. 440). In jeder Religion wird diese Zusage des *Durchlichtetwerdens* vermittelt.

Aus dem tiefen, göttlichen Lichtbewusstsein heraus hat Jesus sich als »Licht der Welt« bezeichnet (Joh 8,12). Und Jesus wollte, dass wir an seiner Lichterfahrung teilhaben: »Ihr seid das Licht der Welt. Als Licht soll euer Licht vor den Menschen leuchten« (Mt 5,14–16). Christus macht uns zu lichtvollen Menschen, »damit wir als Kinder des Lichtes« leben dürfen (Eph 5,8). Wenn Christus das Heraustreten des Lichtes aus der göttlichen Lichtquelle ist, sind wir die Strahlen des Lichtes. Licht ist nicht etwas Statisches, sondern ein Energiestrom. Licht ist eine Bezeichnung für die göttliche Seinsdynamik. Gottes strahlende Gegenwart, die sich in Christus manifestiert hat, strahlt durch uns hindurch. Wir schwingen mit der göttlichen Lichtschwingung. In diesem Sinne sind wir Söhne/Töchter des Lichtes (Joh 12,36). Christus ist das göttliche Licht, *woraus* wir erstrahlen, *wodurch* wir ausstrahlen und *worin* wir leuchten. »Wach auf und erkenne, dass Christus unser Licht ist« (Eph 5,14). In Christus sind wir selbst göttliches Licht, denn wir werden »von der ganzen Fülle Gottes erfüllt« (Eph 3,19). Wir sind *göttlich!*

In diesem erleuchteten Bewusstsein können wir unser Leben ganz neu gestalten. Allein auf uns gestellt, kommen wir nicht zurecht mit den negativen Kräften des Lebens und mit den Schattenseiten der Psyche. Wir können von uns aus weder unsere Schuldgefühle bewältigen, noch Ängste überwinden oder uns aus der Vereinsamung befreien. Wenn wir aber im Lichte Christi die Schattenseiten unseres Lebens anzuschauen vermögen, können wir darin die verwandelnde Wirkung des Geistes Christi erkennen, der uns hilft, das Dunkle ins Licht zu verwandeln. »Einst waren wir Finsternis, jetzt aber sind wir durch Christus Licht geworden« (Eph 5,8). Gerade dort, wo unsere Kraft am Ende ist, erstrahlt das Licht Christi, in dem wir erkennen, dass »wir nicht der Kraft der Finsternis gehören« (1 Thess 5,5). Wir müssen es nur zulassen und entsprechende Konsequenzen in unserem Leben ziehen. Das Wandeln im Licht Christi heißt, das eigene Leben nach der Heilsbotschaft Jesu immer neu umzugestalten.

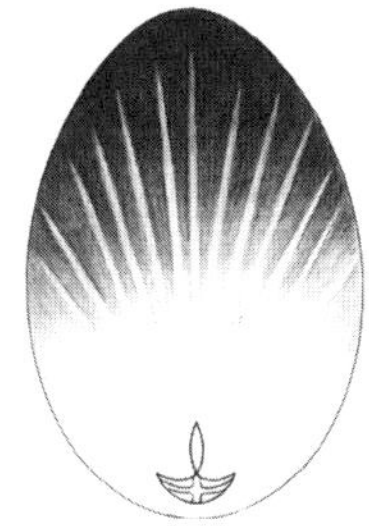

Glaubt an das Licht,
damit ihr Söhne und Töchter
des Lichtes werdet.

Joh 12,36

Ihr seid Licht geworden!
Lebt als Kinder des Lichtes.

Eph 5,8

Meditation

SITZ Ich sitze aufrecht und entspannt in einem erhellten Raum. Ich komme zu einer leibhaften und wachen Stille.

WAHRNEHMUNG Im inneren Raum der Stille erspüre ich das erstrahlende Licht Christi. Ich empfinde mein wahres Selbst als vom Lichtstrahl Christi durchleuchtetes Wesen wie einen Kristall, der vom Sonnenlicht durchdrungen ist. Dieser von Christus ausgehende Lichtstrahl erhellt die finsteren Bereiche des psychischen Dschungels. Ich versuche, die in diesem Vorgang fließende Gnade zu erfassen und den Ruf zur Neugestaltung meines Lebens ernst zu nehmen.

ÜBUNGSWORT Mit Freude wiederhole ich ein Bildwort wie: ***Ich bin Licht / Ich bin Kind des Lichtes / Ich bin ein Lichtstrahl Gottes.***

VII.5

Die Welt im Licht Gottes betrachten

Wenn das innere Licht aufgeht, sehen wir die Welt im Licht Gottes. Wenn das innere Auge kraft der Gnade geöffnet wird, schauen wir die Welt in ihrer sakralen Ganzheit. Wir können eine universelle *Theophanie* wahrnehmen: Gott als Licht durchdringt die ganze Schöpfung. »Alles leuchtet nach dem göttlichen Lichtprinzip« (Mund. Up. 2,2,11; Kath. Up. 5,15).

Wenn wir den Durchbruch des göttlichen Lichtes in Christus wahrnehmen, erstrahlt alles im Licht Christi. In ihm und durch ihn wird uns Gottes Seinsdynamik lichtvoll erfahrbar. In jedem Atom schwingt die Kraft Christi, in jeder Lebenszelle pulsiert das Leben Christi. In den Dingen der Natur und in den Formen der Kultur nehmen wir die Geburtswehen der neuen Schöpfung *in Christus* wahr (Röm 8,22). Alles wird zu einer universellen *Christophanie:* »Alles wird mit Gott durch Christus in Einklang gebracht« (Kol 1,20). Die ganze Schöpfung ist auf Christus hin ausgerichtet. Und »am Ende wird Gott alles in allem sein« (1 Kor 15,28).

Wenn die Ereignisse des Lebens im Lichte Christi gedeutet werden und wenn Menschen in der Gesinnung Christi einander begegnen, dann gewinnt das Leben eine neue Qualität. Wenn wir die Probleme der Welt im Licht des Evangeliums bewältigen und wenn wir die Zukunft im Hinblick auf Gottes Reich gestalten, dann bekommt das Leben eine neue Sinnweite. Dann werden unsere Beziehungen transparenter und wird unser Einsatz kreativer. Dabei lassen wir dem Geist Christi in uns und um uns Raum, damit er unser Leben, unsere Welt »in das neue Sein verwandelt« (2 Kor 5,17). Wenn wir uns vom Geist Christi leiten lassen, sind wir befreite Menschen (Gal 5,1.16).

Ein dementsprechender Lebensstil wird von einer nach innen wachsenden Freiheit und nach außen wirkenden Barmherzigkeit gekennzeichnet sein (Gal 5,14). Innere Freiheit bewirkt einen einfacheren Lebensstil. Je geringer die Besitzgier, umso größer ist die innere Freiheit und Freude. Wer im Licht Christi mit den Dingen umgeht, wird an nichts krampfhaft festhalten. Im Licht Christi erkennen wir die Gegenwart Christi in den Menschen, besonders in den Armen und Leidenden. Barmherzigkeit ist das Kennzeichen eines von Gott durchlichteten Lebens.

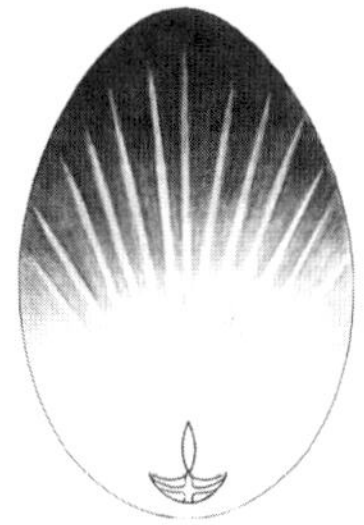

Wenn wir im Licht leben,
wie Gott im Licht ist,
haben wir Gemeinschaft miteinander.

1 Joh 1,7

Wir sind Kinder des Lichtes
und des Tages.
Wir gehören nicht der Nacht
und nicht der Finsternis.

1 Thess 5,5

Meditation

GEHEN Diese Übung könnte draußen in der Natur stattfinden. Zunächst halte ich kurz inne, um das aus der Tiefe erstrahlende Licht Christi leibhaft wahrzunehmen.

WAHRNEHMUNG Kraft dieses inneren Lichtes schaue ich nach außen. Im Sonnenlicht erspüre ich die Schwingung des Lichtes Christi. Alles ist durch ihn, in ihm und auf ihn hin erschaffen. Im meditativen Gehen erlebe ich die Dinge der Natur im Kraftfeld des Lichtes Christi. Ich empfinde, wie alles vom göttlichen Licht durchleuchtet wird.

ÜBUNGSWORT Mit jedem Schritt, mit jedem Blick, mit jedem Atemzug lasse ich den Gehalt der Formel auf mich wirken: ***Gott in allem sehen und alles in Gott sehen***, oder ich wiederhole: ***iśāvāsyamidam sarvam*** (Dies alles ist von Gott durchdrungen, Isa Up. 1).

VIII. Das neue Leben: Meditationen mit Paulus

Auf dem Damaskusweg erlebte Paulus eine tiefgreifende Wende in seinem Leben. Von der gesetztreuen und daher einengenden Religiosität wurde Paulus zu der christuszentrierten und befreienden Spiritualität begleitet. Wir nehmen diese Erfahrung der inneren Wende als einen Schlüssel, um die Glaubensreflexion des Paulus von der Mystik her zu deuten. Dann erkennen wir, dass der Übergang vom Alten zum Neuen seine ganze Theologie prägt.

Die Wende auf dem Damaskusweg war allerdings nur der Anfang eines lebenslangen Verwandlungsprozesses. Paulus beanspruchte nicht, dass er durch diesen Gnadeneinbruch zu einem ganz neuen Menschen geworden wäre. Denn er erkannte, dass die Macht der Sünde in ihm noch wirksam war. (Röm 7,23) Aber er fasste Mut durch die Erfahrung der inneren Gegenwart des Geistes Christi und »vergisst, was hinter ihm liegt, und streckt sich nach dem aus, um zu begreifen, wie Christus ihn ergriffen hat« (Phil 3,12–13). Das Leben nach dem Geist ist von der Seinsdynamik des Göttlichen angetrieben und entfaltet sich als ein Prozess in Christo. Für Paulus ist Christus nicht bloß eine geschichtliche Person der Vergangenheit, vielmehr die heilende Präsenz in der Gegenwart, nicht einfach ein Du vor ihm, vielmehr das tragende Subjekt seines Lebens. »Für mich ist Christus das Leben« (Phil 1,21). Leben im Geist ist ein Wachstum auf Christus hin.

Diesem Verwandlungsweg spüren wir in fünf Schritten nach:

- Mensch im Fleisch: Wohin der alte Weg führt.
- Gott im Fleisch: Wie Gott uns in Christus befreit.
- Das Leben in Christus: Wohin der neue Weg führt.
- Das Leben im Geist: Verwandlung durch den Geist Christi.
- Die Früchte des Geistes: Wie sieht das Leben nach dem Geist aus?

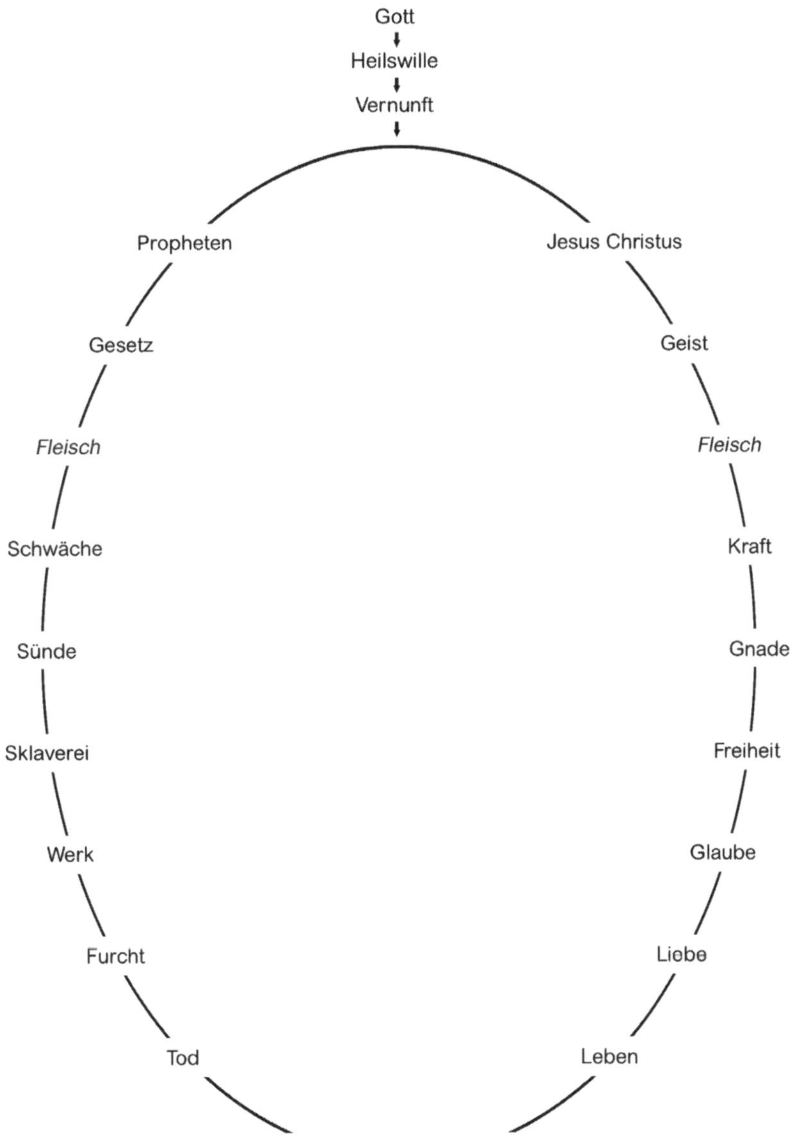

Gott
Heilswille
Vernunft
Propheten
Jesus Christus
Gesetz
Geist
Fleisch
Fleisch
Schwäche
Kraft
Sünde
Gnade
Sklaverei
Freiheit
Werk
Glaube
Furcht
Liebe
Tod
Leben

VIII.1

Mensch im Fleisch

Aufgrund seiner pharisäischen Vergangenheit und mit einer ehrlichen Innenschau (Röm 7,14–25) gibt Paulus eine Analyse des Entfremdungszustandes, in dem wir Menschen uns befinden:

1. »Gott will, dass alle Menschen gerettet werden« (1 Tim 2,4). Um die göttliche Wahrheit zu erkennen, hat Gott die Menschen mit Vernunft erschaffen (Röm 1,20). Und Gott hat immer wieder seinen Heilswillen durch **Propheten** mitgeteilt. Aber oft »verfallen die Menschen in ihrem Denken der Nichtigkeit, und ihr unverständiges Herz wurde verfinstert« (Röm 1,21).

2. Gott offenbarte seinen Heilswillen durch das **Gesetz**, vermittelt durch die Propheten. Paulus schätzte das Gesetz: »Das Gesetz ist heilig, und das Gebot ist heilig, gerecht und gut« (Röm 7, 12). Aber das Gesetz kam in das *Fleisch*, das heißt, in die existenzielle Entfremdungslage des Menschen. »Das Gesetz, ohnmächtig durch das Fleisch, vermochte nichts« (Röm 8,3).

3. Das Gesetz an sich kann keinen Menschen heilen, es kann nur den Menschen die Verfehlungsmöglichkeit bewusst machen (Röm 3,20). »Durch das Gebot erhielt die **Sünde** den Anstoß und bewirkte alle Begierde; als das Gebot kam, wurde die Sünde lebendig« (Röm 7,8–9).

4. Eine blinde Gesetztreue macht uns Menschen zu »Sklaven der Sünde« (Röm 6,16). Mit einem inneren Zwang halten wir uns an das Gesetz, und so bringen wir **Werke** hervor, um Gott, dem Gesetzgeber, einen Gefallen zu tun. »Aber durch Werke des Gesetzes wird niemand vor Gott gerecht werden« (Röm 3,20).

5. Das Gesetz kann uns von der Macht der Sünde nicht befreien. Anhänglichkeit an das Gesetz erzeugt **Furcht** vor der Verfehlung und Angst vor einem strafenden Gott (Röm 8,15).

6. Zum Schluss führt eine gesetztreue Religiosität zum **Tod**, das heißt zur Entfremdung vom göttlichen Grund, zur Entgleisung im Hinblick auf das göttliche Ziel. »Als wir noch dem Fleisch verfallen waren, wirkten sich die Leidenschaften der Sünden, die das Gesetz hervorrief, so in unseren Gliedern aus, dass wir dem Tod Frucht brachten« (Röm 7,5). Das Gesetz provoziert die Sünde, die zum Tod führt (1 Kor 15,56).

Es ist eine Betrachtungsweise, die uns dazu verhilft, die inneren Bewegungen in uns wahrzunehmen und uns mit all den Schattenseiten anzunehmen, wie wir geworden sind.

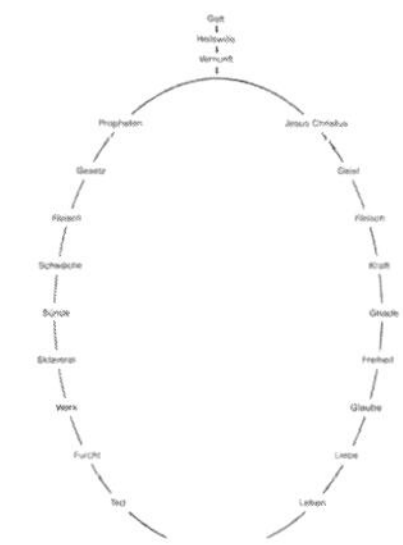

Wer im Vertrauen auf das Fleisch sät,
wird vom Fleisch
Verderben ernten.

Gal 6,8

Wer nach dem Fleisch lebt,
wird das Reich Gottes nicht erben.

Gal 5,21

Meditation

SITZ Ich sitze aufrecht und entspannt. Ich komme zu einer tiefen leibhaften Stille.

ATEM Ich erspüre mit jedem Einatmen die die Wirbelsäule entlang aufwärtsfließende Atemkraft und mit jedem Ausatmen die abwärtsfließende Lebenskraft im ganzen Leib.

WAHRNEHMUNG Ich spüre innerlich etwas Konkretes, was mich auf dem inneren Verwandlungsweg blockiert: *einen Stachel im Fleisch*. Es könnte eine negative Neigung sein, eine zwanghafte Verhaltensweise, eine einengende Anhaftung oder eine nichtvergebende Haltung ... Ich empfinde es wie einen Virus im geistlichen Leben, aber ohne unnötige Schuldgefühle zu erwecken.

ÜBUNGSWORT Ich besinne mich ehrlich auf das Wort: ***Ich tue das, was ich nicht will.***

VIII.2

Gott im Fleisch

Gott befreit uns Menschen aus der existenziellen Ohnmacht durch Christus. Da weder das natürliche Licht der Vernunft noch das Gesetz uns aus der Sklaverei der Sünde befreien konnten, ist die heilende Gegenwart Gottes in diese Ohnmacht hineingekommen. »Weil das Gesetz, ohnmächtig durch das Fleisch, nichts vermochte, sandte Gott seinen Sohn in der Gestalt des Fleisches, um die Sünde zu verurteilen« (Röm 8,3). Für Paulus ist Jesus Christus weder einfach ein Mensch, dessen Vernunft erleuchtet wurde, noch ein Prophet, der das Gesetz neu auslegt, sondern die leibhafte Selbsthingabe Gottes (Gal 4,4–5). Das der Welt zugewandte barmherzige Gesicht Gottes haben wir in Christus erkannt.

Durch die Inkarnation hat Gott sich radikal mit der Welt in Relation gesetzt (Phil 2,6–8). Mit der Verkündigung Jesu hat Gott den Weg zur Freiheit gezeigt (Gal 5,1). Durch das Leiden Jesu hat sich Gott als der mit uns leidende Gott geoffenbart (1 Kor 1,23–25). Durch seinen Tod hat er die zerstörerische Macht des Todes gebrochen (1 Kor 15,55). Und seine Auferstehung zeigt uns den Gott, der die Wunden heilt und eine neue Schöpfung hervorbringt (2 Kor 5,17). Die Gegenwart Christi, seine Kraft, sein Geist, ist in der Welt tief wirksam und bringt alles zur Versöhnung mit Gott, zu dem Zustand, in dem »Gott alles in allem sein wird« (1 Kor 15,28).

Paulus betrachtet Jesus Christus nicht einfach als eine Person der Vergangenheit, sondern vielmehr als die Heilspräsenz in der Gegenwart. Das, was in Jesus Christus geschah, ist nicht bloß ein geschichtliches Ereignis, sondern vielmehr ein fortlaufender Heilsprozess. Paulus begegnet Christus nicht rückwärts schauend, sondern er schaut in die göttliche Tiefe des Jetzt (*nunc aeternum*). Für ihn ist Christus das Leben (Phil 1,21), das Licht (Eph 5,14) und die Freiheit (2 Kor 3,17) in der Gegenwart. Die ganze Christuserfahrung des Paulus könnte man in einem Wort zusammenfassen: *in Christus* (so steht es 144 mal in den Briefen). Unser Leben ist mit Christus verborgen in Gott (Kol 3,3), wir haben Christus angelegt (Gal 3,27), wir werden in sein Bild verwandelt (2 Kor 3,18), wir wachsen in Christus (Eph 3,16), wir sind Miterben Christi (Röm 8,17), wir reifen auf seine Gestalt hin (Eph 4,13). Mit diesem inneren Antrieb der Gegenwart Christi konnte Paulus sagen: »Ich strebe danach, es zu ergreifen, weil auch ich von Christus Jesus ergriffen worden bin« (Phil 3,12).

Er entäußerte sich
und wurde wie ein Sklave und den Menschen gleich.
Er erniedrigte sich
und war gehorsam bis zum Tod, bis zum Tod am Kreuz.

Phil 2,7–8

Wir haben nicht einen Hohepriester,
der nicht mitfühlen könnte mit unserer Schwäche,
sondern einen,
der in allem wie wir in Versuchung geführt worden ist.

Hebr 4,15

Meditation

SITZ Ich sitze aufrecht und entspannt und komme zu einer leibhaften Stille.

ATEM Ich nehme den durch die Wirbelsäule fließenden Strom des Atems dankbar wahr. Ich atme die Wirbelsäule entlang aufwärts ein und vom Herzzentrum abwärts aus.

WAHRNEHMUNG Wenn es eine Hilfe ist, stelle ich ein Christusbild vor mich, sonst bleibe ich beim inneren Christusbild. Ich blicke vertrauensvoll auf das Gesicht Christi. Darin erkenne ich den Gott, der auf unserem Leidensweg mit uns geht und unsere Wunden heilt. Christus ist die Gegenwart der Barmherzigkeit Gottes, hier und jetzt.

ÜBUNGSWORT Vertrauensvoll besinne ich mich auf die Worte: ***In meiner Schwachheit ist die Gnade Gottes spürbar.***

VIII.3

Das Leben in Christus

Kraft seiner Christuserfahrung beschreibt Paulus, was der Übergang vom Ohnmachtzustand zum neuen Sein bedeutet:

1. Da die Vernunft durch den *Fall* verfinstert wurde und die Botschaft der Propheten ignoriert, offenbarte sich Gott leibhaft in **Jesus Christus**. »Als die Zeit erfüllt war, sandte Gott seinen Sohn, geboren von einer Frau und dem Gesetz unterstellt, damit er die freikaufe, die unter dem Gesetz stehen, und damit wir die Sohnschaft erlangen« (Gal 4,4–5). So ist »Christus die Erfüllung des Gesetzes« (Röm 10,4).

2. Was Gott durch Jesus Christus verleiht, ist nicht ein anderes Gesetz, sondern er gibt den Menschen den **Geist**, der in unseren Herzen wohnt und uns alle zu Töchtern und Söhnen Gottes macht (Röm 8,15–17). »Wenn der Geist Gottes in euch wohnt, dann wird Gott euren sterblichen Leib lebendig machen, durch seinen Geist, der in euch wohnt« (Röm 8,11).

3. Der Geist verleiht die Kraft, um die sündhaften Begierden zu bewältigen und uns ganz auf Gott auszurichten. **Gnade** ist die verwandelnde Gegenwart des Geistes Christi in unserem Herzen. »Die Sünde soll nicht über euch herrschen; denn ihr steht nicht unter dem Gesetz, sondern unter der Gnade« (Röm 6,14).

4. Das Leben nach dem Geist (*pneumatikos*) ist ein begnadeter Lebensstil (Röm 8,5). Kraft der Gnade erfüllen wir die Werke nicht mit Furcht, sondern mit **Glauben**. *Glaube* heißt, sich ganz Gott anzuvertrauen (*pisteuein*). Aber Gott begegnet man nicht vor sich, sondern in sich als eine tragende Präsenz. Diese Glaubenshaltung befreit uns von zwanghaften Haltungen. »Gerecht gemacht aus Glauben haben wir Frieden mit Gott durch Jesus Christus« (Röm 5,1).

5. Glaube ist von Liebe genährt. Für Paulus ist die **Liebe** nicht einfach eine Emotion, die wir erzeugen, sondern eine gnadenhafte Energie, die wir empfangen, denn »die Liebe Gottes ist ausgegossen in unsere Herzen durch den Heiligen Geist, der uns gegeben ist« (Röm 5,5). Das neue Sein im Geist ist von Liebe genährt (Gal 5,13–14).

6. Die vom Glauben getragene und von der Liebe genährte Geisteshaltung führt zum **Leben** in Gott. »Nicht mehr ich lebe, sondern Christus lebt in mir« (Gal 2,20).

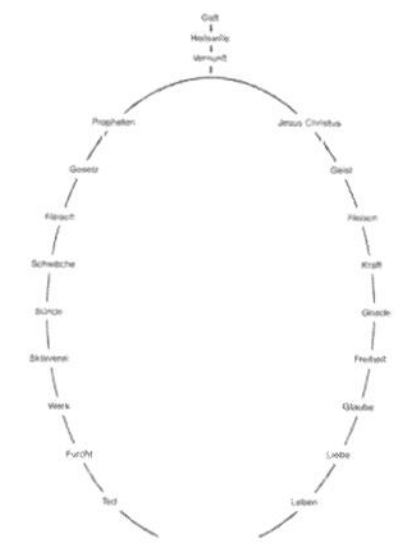

Durch den Glauben wohne Christus in eurem Herzen.

Eph 3,17

Euer Leben ist mit Christus verborgen in Gott.

Kol 3,3

Meditation

SITZ Ich sitze aufrecht und komme langsam zu einer leibhaften Stille.

ATEM Beim Einatmen nehme ich die durch die Wirbelsäule aufwärts fließende Lebenskraft wahr und beim Ausatmen die abwärts fließende Liebeskraft. Der ganze Leib wird als ein von der gottlichen Gegenwart gefüllter Raum erlebt.

BEGLEITBILD Ich spüre, wie ein Springbrunnen in meiner Leibmitte sich öffnet und mich mit dem Wasser des Lebens speist.

ÜBUNGSWORT Mit jedem Atemzug wiederhole ich das Wort ***in Christo*** und dabei erlebe ich, wie mein Leben sich in der befreienden Gegenwart Christi entfaltet. Oder ich summe ***Jesu … OM … Jesu***.

VIII.4

Das Leben im Geist

Das Leben in Gott, das neue Leben in Christus, das verwandelte Leben im Geist – dies sind bei Paulus eigentlich synonyme Feststellungen. »Der Herr ist der Geist!« (2 Kor 3,17). Christus ist uns im Geist gegenwärtig; wir sind dem innewohnenden Christus durch den Geist gegenwärtig. Der Geist Christi verbindet uns mit Gott und verwandelt unser Leben in das neue Leben in Christus. »Wer sich an den Herrn bindet, ist ein Geist mit ihm« (1 Kor 6,17). Es ist der Geist, der unsere Erkenntnis zu einem Christusbewusstsein vertieft. »Der Geist ergründet alles, auch die Tiefen Gottes. Nur der Geist Gottes erkennt Gott. Wir haben den Geist empfangen, der von Gott stammt, damit wir das erkennen, was uns von Gott geschenkt worden ist« (1 Kor 2,10–12).

Der Geist lebt in uns. Aus unserem Herzen ruft der Geist: *Abba*, Vater! (Gal 4,6). Kraft des Geistes dürfen wir Gott als *Abba*, Vater, anreden (Röm 8,15). Es ist ein fortlaufender Prozess, in dem wir erkennen, dass wir »Töchter und Söhne Gottes sind, Erben Gottes und Miterben Christi« (Röm 8,17). Dadurch befreit uns der Geist von der Furcht, Sklaven zu bleiben zu der Freiheit, Kinder zu werden (Röm 8,15). Wir gehören eigentlich zur Familie Gottes, weil der Geist in uns wohnt (Röm 8,9). Dies ist die innere Befreiung, die wir durch Christus, den Sohn Gottes, begnadet erhalten. Die Gegenwart des Geistes macht unseren Leib zum Tempel des Geistes (1 Kor 6,19), unser Herz zum Gefäß des Geistes (Röm 5,5) und unsere Gemeinschaft zur Wohnstätte des Geistes (Eph 2,22).

Wir leben im Geist. Der Geist ist der eigentliche Antrieb im geistlichen Leben, denn »der Geist leitet uns von innen her« (Gal 5,16) und »wir leben aus dem Geist« (Gal 5,25). Der Geist ist das eigentliche Subjekt unseres Seins, denn wir gestalten unser Leben als aktive Teilhabe am Werk des Geistes Christi. »Lasst euch vom Geist leiten, dann werdet ihr das Begehren des Fleisches nicht erfüllen«, das heißt, wir sind auf dem *neuen* Weg hin geführt (Gal 5,16). Wir lassen uns auf den Übergang vom Alten zum Neuen ein, und wir tragen dazu bei, dass diese Verwandlung um uns in der Welt geschieht (Röm 8,19–23). Leben nach dem Geist bedeutet, dass wir ständig achtsam auf die inneren Bewegungen des Geistes schauen.

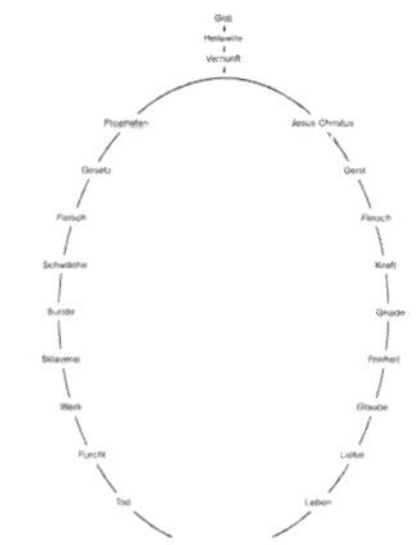

Die Liebe Gottes ist ausgegossen in unsere Herzen
durch den Heiligen Geist,
der uns gegeben ist.

Röm 5,5

Wer im Vertrauen auf den Geist sät,
wird vom Geist ewiges Leben ernten.

Gal 6,8

Meditation

SITZ Ich sitze aufrecht und komme langsam zu einer leibhaften Stille.

ATEM Ich nehme den durch die Wirbelsäule fließenden Strom des Atems dankbar wahr. Ich atme die Wirbelsäule entlang aufwärts ein und vom Herzzentrum abwärts aus und spüre, wie die Atemkraft den ganzen Leib erfrischt.

BEGLEITBILD Ich nehme die lebenspendende Gegenwart des göttlichen Geistes in mir wahr wie einen aus sich heraussprudelnden Strom. Beim Einatmen spüre ich den Aufwärtsstrom; beim Ausatmen spüre ich, wie das Wasser des Geistes meinen Leib, mein Leben erfrischt. Gottes Quelle öffnet sich in mir; Gottes Atem atmet in mir; Gottes Geist belebt mich. So bin ich selbst zu einem Springbrunnen des Geistes geworden.

WAHRNEHMUNG Der Geist verwandelt mein Leben in das neue Leben in Christus. Ich fließe wie ein Rinnsal aus dem göttlichen Brunnen aus.

ÜBUNGSWORT In tiefer Stille horche ich, wie der Geist aus meinem Herzen ruft: ***Abba.*** Oder ich summe sanft ***Jesu ... OM ... Jesu***.

VIII.5

Die Früchte des Geistes

Wie sieht das neue Leben, Leben nach dem Geist (*pneumatikos*) aus? Paulus erwähnt einige Früchte und Gaben des Geistes, die als Merkmale zur *Unterscheidung der Geister* dienen sollen.

Er nennt Liebe als das Hauptmerkmal des Lebens nach dem Geist. »Das ganze Gesetz ist in einem Wort zusammengefasst: *Du sollst deinen Nächsten lieben wir dich selbst*. Also dient einander in Liebe« (Gal 5,13–14). Im Hohelied der Liebe macht er es deutlich, dass »die Liebe das Erhabenste ist« (1 Kor 13,13). Liebe ist auch das Unterscheidungskriterium, um echte Freiheit vom Egoismus zu trennen (Gal 5,13). Weiterhin ist auch die Liebe der Maßstab, die Charismen festzustellen, denn allein die Liebe baut die Gemeinde auf (1 Kor 14,5.19).

Die besonderen Gnadengaben des Heiligen Geistes sind die Charismen, die die Gemeinde bereichern (1 Kor 14,12). Paulus schätzt sie als Zeichen der verwandelnden Gegenwart des Geistes des auferstandenen Christus unter den Gläubigen. »Es gibt verschiedene Gnadengaben, aber nur den einen Geist. Er bewirkt alles in allen. Jedem wird die Offenbarung des Geistes geschenkt, damit sie anderen nützt« (1 Kor 12,4–7). Es ist daher wichtig, dass jede(r) ehrlich nach innen schaut und die vom Geist gegebene Gnadengabe feststellt, denn der Geist wirkt im Herzen jedes Menschen.

Paulus erwähnt allerdings einige Früchte, die den neuen Weg kennzeichnen. »Die Früchte des Geistes sind Liebe, Freude, Friede, Langmut, Freundlichkeit, Güte, Treue, Sanftmut und Selbstbeherrschung« (Gal 5,22–23). Daran erkennen wir, ob wir uns auf dem Verwandlungsweg des Geistes befinden. Der Grundstimmung der Freude gibt er einen besonderen Stellenwert: »Freut euch im Herrn zu jeder Zeit! Noch einmal sage ich: Freut euch!« (Phil 4,4).

Ein Grundmerkmal des neuen Weges ist Freiheit. Nach der Wende erfuhr Paulus in sich eine enorme Befreiung von zwanghafter Religiosität. Darum war er kompromisslos in der Diskussion über Beschneidung für Christen. »Zur Freiheit hat uns Christus befreit. Bleibt daher fest und lasst euch nicht von Neuem das Joch der Knechtschaft auflegen!« (Gal 5,1). Und er warnt vor der Neigung, »Freiheit zum Vorwand für das Fleisch« zu machen (Gal 5,13). Liebe bestimmt die echte Freiheit (Gal 5,13).

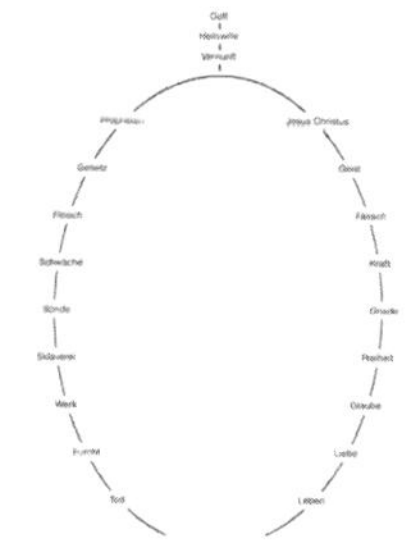

Lasst euch vom Geist leiten,
dann werdet ihr das Begehren des Fleisches
nicht erfüllen.

Gal 5,16

Wenn wir aus dem Geist leben,
dann wollen wir dem Geist auch folgen.

Gal 5,25

Meditation

SITZ Ich sitze aufrecht und komme langsam zu einer leibhaften Stille.

ATEM Ich nehme den durch die Wirbelsäule fließenden Strom des Atems dankbar wahr. Ich atme die Wirbelsäule entlang aufwärts ein und vom Herzzentrum abwärts aus und spüre, wie die Atemkraft den ganzen Leib erfrischt.

BEGLEITBILD Ich fühle mich wie ein Kristall in der Sonne. Das Sonnenlicht bricht durch jedes Teilchen des Kristalls und durchlichtet es. Der ganze Kristall wird dadurch zu einem lichtvollen Wesen.

WAHRNEHMUNG Christus, das göttliche Licht, scheint durch mich. Der Geist erleuchtet mich zum Christusbewusstsein. Die pure Präsenz des Göttlichen erhellt meinen Innenraum.

ÜBUNGSWORT Ich erspüre den mystischen Gehalt des Wortes: ***Ihr werdet mit der ganzen Fülle Gottes erfüllt.***

IX. Der Meister: Meditationen mit der Bhagavad Gita

Auf dem geistigen Weg begegnet dem Übenden der göttliche Meister. Hingabe an den Meister bedeutet nicht, sich auszuliefern an einen Heilbringer der Vergangenheit oder an einen Gott, der draußen steht. Der Übende lässt sich auf den inneren Weg ein, wo der göttliche Meister von innen her, von der Tiefe der Gegenwart her, ihn auffängt und zur tiefsten Einheitserfahrung begleitet. Dies ist eine universale Erfahrung, die in vielen heiligen Schriften und mystischen Texten dargestellt wird. In dieser Übungsreihe nehmen wir die Bhagavad Gita als Wegbegleiter.

Die Gita, verfasst etwa 300 Jahre vor Christus, ist eine heilige Schrift der Hindus. Geschrieben als ein mystisches Lied, beschreibt der Text den heilbringenden Dialog zwischen dem der Erlösung bedürftigen Menschen und dem die Menschen liebenden Gott, den Dialog, der eigentlich im Herzen jedes Menschen immer stattfindet. Der spirituelle Prozess der Gita entfaltet sich auf einem dreifachen Weg: (1) sich in Liebe dem göttlichen Meister anvertrauen (*bhakti*), (2) die Einheit mit Gott in sich und in allem erkennen (*jnāna*) und (3) sich im Einsatz für die Welt dem Gott widmen (*karma*).[15]

Die hier angegebenen fünf Meditationen ermöglichen einen schrittweisen Zugang zu diesem Prozess. Die Stellenangaben beziehen sich auf die Strophen der Bhagavad Gita.[16]

- Ich vertraue mich ganz dem göttlichen Meister in mir an (*bhakti*).
- Ich erlebe, wie er mich tief in seine Gegenwart aufnimmt.
- Ich erfahre, wie mein wahres Selbst mit dem göttlichen Selbst eins wird (*jnāna*).
- Mit dem göttlichen Auge schaue ich die Welt als den Ort der verwandelnden Wirkung des Geistes an.
- Mit Freude erkenne ich, dass mein Handeln eine Anteilnahme am Werk Gottes ist, der die Welt zum Heil führt (*karma*).

IX.1

Die Hingabe in Freiheit

Der erste Schritt, um uns auf den Weg des inneren göttlichen Meisters einzulassen, ist die ganzheitliche Hingabe. Der Suchende nimmt seinen momentanen Zustand demütig wahr und bekennt, dass er allein keinen Schritt vorwärts kommen kann. »Mein Geist ist verwirrt, denn ich sehe nicht klar, was ich tun soll« (2,7). Im Leben befindet er sich in einer Krise und weiß nicht, in welche Richtung er sich wenden soll.

Dann hört er in der Herzensstille die Stimme des innewohnenden göttlichen Meisters: »Du bist mir lieb« (18,64). Er fasst Mut und vertraut sich bedingungslos dem Meister an: »Dein Schüler bin ich, belehre mich« (2,7). Mit dieser Haltung gibt er dem inneren Meister Raum. Der ganze Verwandlungsprozess findet in diesem Innenraum statt. Die Verwandlung geschieht in der Dialektik zwischen menschlicher Freiheit (18,63) und göttlicher Gnade (18,56). Der Mensch öffnet sich in Freiheit und Gott zeigt sich in Gnade. Dieser Wechselvorgang wird in der Gita durch die Form des Dialogs zwischen dem Gott suchenden Menschen (*Ardchuna*) und dem den Menschen liebenden Gott (*Bhagavān*) dargestellt.

Der Meister spricht den Schüler mit einladenden Worten an, die aus tiefer göttlicher Liebe entspringen: »Richte dein Denken auf mich, verehre mich mit Hingabe, nimm Zuflucht zu mir, aus ganzem Herzen. Ich werde dich von allem Übel befreien, sei nicht betrübt, denn du bist mir sehr lieb« (18,65–66). Diese Zusage weckt im Menschen die Sehnsucht, sich Gott anzuvertrauen und mit Gott eins zu werden (11,3). Aber dieses Heilsverlangen kann nur dann zur Erfüllung gelangen, wenn der Suchende seine Ichbezogenheit loslässt, die in der Habsucht gründet: »Habsucht ist der Feind in dir, das unersättliche Feuer, das alles verschlingt und vernichtet« (3,37–39). Sie erscheint in vielfältigen Formen: unbeherrschte Gefühle oder verwirrende Gedanken (2,62–63; 16,4), materielle Besitzsucht oder politische Machtgier (16,13–16), religiöser Ritualismus (2,42) oder widergöttlicher Kultwahn (16,17). Der Gottsuchende soll ganz ehrlich seine Anhänglichkeit erkennen, die ihn an das kleine *Ich* bindet, und sich davon lösen (18,53). Dazu braucht er allerdings die befreiende Führung des göttlichen Meisters. Ihm gibt er sich mit großem Vertrauen (4,39) und in echter Liebe hin (9,34).

Dies ist die Initialform von *Bhakti* (Hingabe).

Nimm Zuflucht in Ihm, Geliebter,
aus ganzem Herzen Zuflucht.
Gita 18,62

Richte dein Denken auf mich,
öffne deine buddhi zu mir,
du wirst in mir wohnen.
Gita 12,8

Meditation

SITZ Ich sitze aufrecht und entspannt, wenn möglich auf dem Erdboden. Durch das bewusste Atmen komme ich zu einer leibhaften Stille.

WAHRNEHMUNG Ich spüre, dass ich auf einem dunklen Weg meines Inneren wandere. Ich nehme meine geistige Notlage ehrlich wahr und vertraue mich ganz dem inneren göttlichen Meister an. Die konkrete Gestalt dieses inneren Meisters wird von der Glaubenshaltung des Übenden bedingt sein (7,21). Für Christen ist selbstverständlich Christus der innere Meister. Er begegnet mir nicht von außen, sondern vom göttlichen Seinsgrund her. Ich lasse mich vertrauensvoll ganz auf seine Begleitung ein.

ÜBUNGSWORT Mit jedem Atemzug spreche ich die Hingabe aus: ***Führe mich ins Licht***, oder ich wiederhole eine Formel wie: ***sishystē aham*** (Ich bin dein Schüler, 2,7).

IX.2

Die gnadenhafte Innewohnung

Auf dem inneren Verwandlungsweg begleitet der göttliche Meister den Suchenden zu den tieferen Schichten des Bewusstseins. Zunächst erscheint Gott dem Menschen als ein Freund und Wegbegleiter. Aber bald erlebt der Suchende, dass ihm der göttliche Meister nicht von außen her im Verstandesbereich begegnet, sondern ihn von innen her liebt und zum Herzensraum führt. Auf dem inneren Pilgerweg befindet sich der Mensch nicht *vor* Gott, sondern *in* Gott, denn der Weg führt zur mystischen Einheitserfahrung.

Betroffen von der Liebe des innewohnenden göttlichen Meisters bittet der Schüler: »Wenn du meinst, dass ich dich schauen kann, bitte zeige mir deine göttliche Form« (11,4). Auf dieses sehnsüchtige Gebet kommt die Antwort: »Mit deinem eigenen Auge kannst du mich nicht sehen; Ich verleihe dir das göttliche Auge: Nun schau meine göttliche Alleinheit an!« (11,8). Mit diesem Gnadenauge sieht der Schüler, wie die gesamte Wirklichkeit aus dem göttlichen Seinsgrund heraus zur Entfaltung kommt und wie die göttliche Seinsdynamik alles durchdringt. »Nicht durch das Studium der Schriften oder Askese oder Opfergabe kannst du mich sehen. Ehrliche Liebe allein, Hingabe an mich ermöglicht dir den Anblick Gottes in seiner wahren Form« (11,53–54).

Wenn das innere Auge der *buddhi* geöffnet wird, wenn das innere Licht erstrahlt, erkennt der Schüler den göttlichen Meister nicht mehr als wegweisendes *Du*, sondern als das tragende göttliche *Selbst* (*Ātman*). »Wer mich liebt, geht in mich ein« (11,54). In der begnadeten Innenschau erkennt er, dass sein wahres Sein durch die Liebe Gottes verwandeltes Wesen ist. »Wer mich liebt, der wohnt in mir und ich wohne in ihm« (9,29). Er »gelangt in mich« und »bewegt sich in mir« (7,23; 6,31). Er erfährt Gott nicht einfach als Objekt der Verehrung, sondern als Subjekt der Erfahrung, als die innewohnende Präsenz. Von einer interpersonalen Begegnung mit Gott sinkt die Liebe zu einer transpersonalen Erfahrung der universellen Immanenz Gottes. »Ich bin präsent im Leib aller Wesen« (10,20). »Ich bin gegenwärtig im Herzen aller Wesen« (15,15). Mit echter Hingabe lässt er sich auf diese verwandelnde Gegenwart ein.

Dies ist die vertiefte *Bhakti*, die in *Jnāna* (Erkenntnis) übergeht.

Ich bin das Licht
im Herzen aller Wesen.
Gita 13,18

Wer mich liebt,
der wohnt in mir
und ich wohne in ihm.
Gita 9,29

Meditation

SITZ Ich sitze aufrecht und entspannt. Durch das bewusste Atmen komme ich zu einer leibhaften Stille.

WAHRNEHMUNG Ich nehme die in meinem Innenraum schimmernde göttliche Flamme wahr. Ich spüre, wie sie sich langsam entfaltet und das göttliche Licht in mir erstrahlt. In diesem Licht erlebe ich, wie ich ins Lichtfeld des göttlichen Meisters aufgenommen werde.

ÜBUNGSWORT Mit jedem Einatmen spreche ich innerlich: ***Du in mir*** und mit jedem Ausatmen: ***Ich in dir*** oder die Formel: ***mayi tē tēshu-aham*** (Du in mir, ich in dir, 9,29).

IX.3

Die Einheit im Seinsgrund

Kraft der Gnade Gottes dringt das Bewusstsein zu den tiefsten Bereichen. Von der befestigten Ichbezogenheit (*ahamkāra*) befreit, erreicht der Mensch das transparente Selbstbewusstsein (*ātmabodha*). In der geistigen Kammer des Herzens erkennt er, wer er eigentlich ist.

Die Gita spricht von drei Grundformen der mystischen Selbsterkenntnis:

- Das menschliche Selbst und das göttliche SELBST sind einig in der Unterschiedenheit: Ich wohne in dir und du in mir (9,29).
- Das menschliche Selbst ist vereint mit dem göttlichen SELBST wie ein Teil mit dem Ganzen: Du bist Teil von mir (15,7).
- Das menschliche Selbst und das göttliche SELBT sind letztlich eins: Ich halte dich für mein Selbst (7,18).

In der Gita begleitet der innere Meister den Schüler ständig von der einen zur anderen Erfahrungstiefe. Aber es ist kein Verwandlungsprozess in eine Richtung. Die Erfahrungen des göttlichen Innewohnens, des Teilhabens und des Einswerdens wechseln ständig im geistlichen Leben. Die göttliche Gegenwart wird abwechselnd als interpersonal, intrapersonal und transpersonal wahrgenommen. Dies ist die Grunddynamik der Liebe.

Zuletzt soll der Schüler für die tiefste Einheitserfahrung offen werden. Dann wird er begnadet mit dem göttlichen Auge, um »das SELBST im Selbst durch das Selbst sehen zu dürfen» (6,20; 13,25). Hier wird der innere sakrale Raum ganz »vom göttlichen Licht der Erkenntnis erleuchtet« (13,18). Im tiefsten mystischen Bewusstsein wird »das menschliche Selbst durch das göttliche Selbst ganz emporgehoben« und durchlässig gemacht (6,5; 2,55; 3,17). Dort vernimmt die Seele die göttliche Zusage: »Ich halte meinen Geliebten für mein SELBST« (7,18). Das göttliche Licht erstrahlt durch das wahre Wesen des Menschen. Hier entsteht die begnadete Erkenntnis: »Ich bin göttlich« (18,53).

Dies ist die tiefste *Jnāna*-Erfahrung.

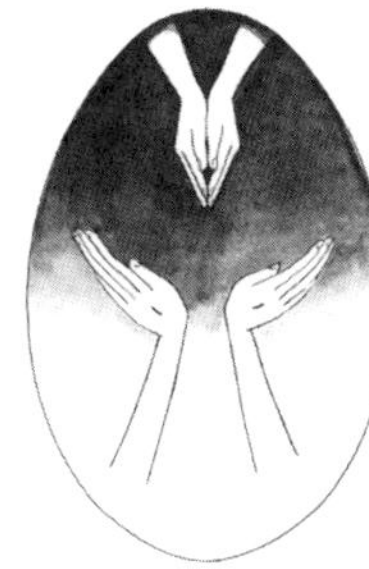

Der von der Ichhaftigkeit Befreite
ist für die Vergöttlichung
geeignet.

Gita 18,53

Wer mich in unbeirrbarer Liebe
und Einung verehrt,
der ist für Vergöttlichung bestimmt.

Gita 14,26

Meditation

SITZ — Ich sitze aufrecht und entspannt. Ich komme zu einer tiefen leibhaften Stille.

WAHRNEHMUNG — Ich versuche, mich ganz erhellt vom inneren göttlichen Licht wahrzunehmen. Im Seinsgrund bin ich ganz aufgenommen und für die göttliche Gegenwart ganz durchlässig geworden. Das Bild eines ganz durchlichteten Kristalls oder des im Meer aufgehenden Tropfens hilft mir dabei. Ich nehme das Einswerden zwischen meinem wahren Selbst und dem göttlichen SELBST dankbar wahr.

ÜBUNGSWORT — Mit jedem Atemzug wiederhole ich: ***Eins in dir*** oder eine Formel wie: ***Ātmani ātmānam*** (Im göttlichen SELBST das eigene Selbst erkennen, 6,20).

IX.4

Der befreiende Weltblick

Mit dem inneren Auge schaut der Suchende nicht bloß nach innen, sondern auch in die Welt. Das nach innen vertiefte Bewusstsein öffnet sich ganz nach außen. Dann sieht der Mensch alles anders, alles von göttlicher Gegenwart durchdrungen. »Er sieht das SELBST in allen Wesen und alle Wesen im SELBST« (6,29). Er erlebt eine allumfassende Theophanie: Gottes Licht durchstrahlt alles (11,15ff). Der ganze Kosmos ist von der Gegenwart des göttlichen Lebens durchdrungen (7,7–11). In allem schwingt der göttliche Laut OM (9,17). »Ich bin das SELBST im Herzen aller Wesen, bin Anfang, Mitte und Ende von allem« (10,20). »Ich bin das ewige Samenkorn, verborgen in allen Wesen, das Licht von allen Lichtkörpern, die Grünkraft, die alle Pflanzen belebt, und die Urschwingung, die alles in Bewegung setzt« (9,17–18; 15,12–13; 10,41). Jedes Atom, jede Lebenszelle ist von der Gegenwart Gottes durchdrungen (8,22). Gottes Seinsdynamik pulsiert im Herzen aller Wesen (18,61).

Da der Weg in die Tiefe mit dem liebenden göttlichen Meister begann, erfährt der Schüler jetzt die ganze Wirklichkeit, von der Gegenwart des gnädigen Gottes durchflutet. »Wer mich in allen Dingen sieht und alles in mir erkennt, von dem werde ich nie getrennt, denn er lebt und bewegt sich immer in mir« (6,30–31). Jeder Mensch, jedes Ding in der Natur vermittelt ihm die Liebe Gottes, denn der Kosmos entfaltet sich »aus dem Wurzelgrund Gottes« (15,1). Der ganze Kosmos wird als »Leib Gottes« wahrgenommen (11,13). Der Schüler erfährt Gott als »Vater und Mutter, Freund und Begleiter, Weg und Heimat, Ursprung, Entfaltung und Zufluchtsort von allem« (9,17–18).

Gott in allem sehen und alles in Gott sehen – es geht dabei nicht um eine vergegenständlichte Betrachtung, sondern um eine vertiefte All-Einheitserfahrung. Man erfährt im eigenen Selbst die Durchlässigkeit von allem für das göttliche SELBST. »Der innerlich Vereinte ist selbst zum SELBST von allem geworden« (5,7). Er erlebt überall das Eine als Reflektionen des SELBSTES (6,32). Das Bewusstsein erreicht eine unendliche Weite.

Dies ist die erweiterte *Jnāna*, die in *Karma* (Handeln) einmündet.

Das ganze Universum ist
durch mich durchdrungen.
Alle Wesen befinden ich in mir.
Gita 9,4

Gott wohnt
im Herzen aller Wesen.
Gita 15,15

Meditation

SITZ — Ich sitze aufrecht und entspannt.

ATEM — Beim Einatmen spüre ich den die Wirbelsäule entlang aufwärts fließenden Atemstrom, und beim Ausatmen den abwärts fließenden Strom. Danach erspüre ich, wie der Lebensstrom über meinen Leib hinausfließt. Gottes Atem atmet in mir und in allen Wesen.

WAHRNEHMUNG — Mit der Wiederholung des OM versuche ich In Einklang mit der göttlichen Schwingung zu kommen, die durch alles hindurchtönt. Ich erspüre, wie das verwandelnde Licht des göttlichen Meisters durch alles hindurchstrahlt, wie alles im Meer der göttlichen Liebe lebt und sich bewegt.

ÜBUNGSWORT — Mit jedem Atemzug erspüre ich: ***Gott lebt im Herzen aller Wesen*** (18,61), oder ich wiederhole eine Formel wie: ***sarvabhūtātma bhūtātma*** (Das eigene Selbst wird zum Selbst aller Wesen, 5,7).

IX.5

Der verwandelnde Einsatz

Wenn der Suchende durch den inneren Verwandlungsprozess dazu geführt wird, Gott in allem zu erkennen, alles in Gott zu sehen, erfährt er eine neue Motivation, sich in der Welt einzusetzen. Die Gegenwart Gottes, die in allem wahrgenommen wird, ist keine statische Präsenz, sondern ein dynamischer Prozess. Mit dem inneren Auge sieht man, wie Gottes Geist alles verwandelt und zur ganzheitlichen Integration führt. Die werdende Integration wird als *dharma* bezeichnet. Wörtlich bedeutet *dharma*: Zusammenhalt, die alles umfassende Harmonie, die rechte Ordnung. Durch den Einsatz des Menschen, getragen von der Heilsgnade Gottes, entfaltet sich *dharma* in allen Bereichen des Lebens. Die Verheißung ist gegeben, dass in Momenten der großen Krise »zur Rettung des Bedrückten und zur Beseitigung des Bösen, zur Wiederherstellung des *dharma*« Gott als Erlöser in der Welt auftritt (4,7–8). So wird die geschichtliche Entwicklung des Menschen als *Heils*geschichte erfahren.

»Befreit von den Fesseln der Habgier und tief verwurzelt im göttlichen Grund, setze dich ein für das Wohl aller Wesen« – dies ist die ethische Aufforderung der Gita (2,48; 3,25; 5,25). So wird die Welt als sakraler Raum empfunden, in dem sich ein Heilsgeschehen (*yajna*) entfaltet (3,9–10). Gottesverehrung geschieht nicht nur im geschlossenen Tempel, sondern auch im schöpferischen Einsatz in der Welt (6,31; 3,20). Nur eine Haltung der inneren Freiheit und Hingabe in den Werken führt den Menschen zur Integration (4,23).

Was ist das Kennzeichen eines befreiten Menschen in seinem Verhalten? Barmherzigkeit! »Wen liebt Gott über alles: den Menschen, der kein Wesen hasst, freundlich ist und voller Barmherzigkeit, dessen Seele frei von Ichsucht und Besitzgier ist, innerlich geeint und zufrieden ...« (12,13ff). Wer in der *Höhle des Herzens* Gott erfährt, öffnet sein Herz allen Lebewesen in Barm*herz*igkeit. Er sieht das göttliche SELBST in allem (6,29–30) und sich selbst in allem (6,32). In allem spürt er einen Wiederschein des eigenen wahren Selbst (6,32). Das begnadete Leben in der Welt wird von einer zweifachen Ausrichtung geprägt: Verwurzeltsein (*yōga*) im Göttlichen und das Gesamtwohl (*kshēma*) von allem (9,22).

Dies ist die integrierende Form von *Karma*.

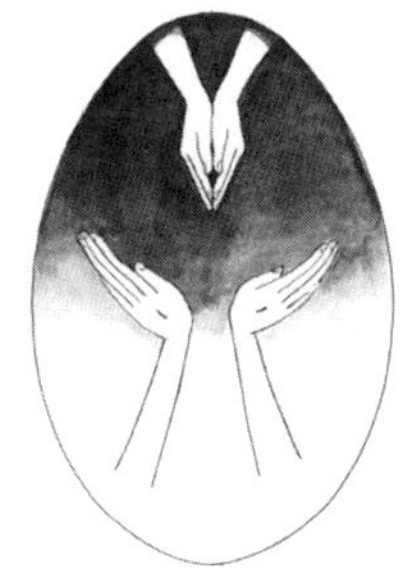

Das Werk,
getan im Sinne der Hingabe,
führt zur Befreiung.

Gita 4,23

Verwurzelt in Gott
erfülle deine Aufgaben.

Gita 2,48

Meditation

SITZ Ich sitze aufrecht und entspannt.

ATEM Durch das bewusste Atmen komme ich zu einer leibhaften Stille. Mit dem über den Leib hinausfließenden Atem spüre ich, wie Gottes Atem alles belebt.

WAHRNEHMUNG Dabei lasse ich die Liebe des inneren göttlichen Meisters durch mich nach außen strömen. Mit großer Barmherzigkeit schaue ich mein Lebensumfeld und die Welt an. Ich vergegenwärtige mir konkrete Beziehungen und Beschäftigungen und versuche sie im Licht des alles verwandelnden Heilsprozesses (*dharma*) zu sehen.

ÜBUNGSWORT Ich sinne über das Wort ***dharma*** nach, oder ich wiederhole mit jedem Atemzug: ***yōgastah kuru karmāni*** (Verwurzelt in Gott erfülle deine Aufgaben, 2,48).

Weg nach außen

X. Der Weg: Gott mit uns

Der geistliche Weg ist ein Weg nach innen, aber zugleich ein Weg nach außen. Der Gott, der den Übenden zur Erfahrung der inneren Einheit begleitet, ist der Gott, der ihm auch auf den Wegen des täglichen Lebens draußen begegnet. Den Spuren Gottes nachgehen – darum geht es im geistlichen Leben.

Drei Grundaspekte der Gegenwart Gottes in der Welt werden in dieser Übungsreihe angesprochen: (1) Gott ist mit uns auf unseren Wegen des Leidens sowie der schöpferischen Tätigkeit, (2) Gottes Geist führt unser Leben in das göttliche Leben ein, und (3) der Geist verwandelt den Kosmos zu einer neuen Schöpfung.

Diese Meditationsreihe ist entworfen, um dem Übenden zu helfen, den tieferen Sinn der Glaubenserfahrung zu erleben: Gott ist mit uns unterwegs (*Immanuel*). Man erfährt die Gnade der Vergöttlichung des Menschen durch den Geist und erkennt den Auftrag, mit diesem Geist an der Verwandlung der Welt mitzuarbeiten. Der Einsatz aus der göttlichen Mitte verleiht dem Säkularen einen sakralen Sinn.

- Ich nehme den gegenwärtigen Leidensweg meines Lebens ehrlich wahr.
- Kraft des Glaubens an den gekreuzigten Christus erkenne ich, wie Gott auf meinem Leidensweg mit mir geht.
- Kraft des Glaubens an den auferstandenen Christus erlebe ich, dass Gott die gestaltende Kraft meines Lebens ist.
- In tiefer Stille erspüre ich die Vergöttlichung meines wahren Wesens durch den Heiligen Geist.
- Verbunden mit allen Wesen erfahre ich meinen Einsatz als Anteilnahme an der neuen Schöpfung des Geistes.

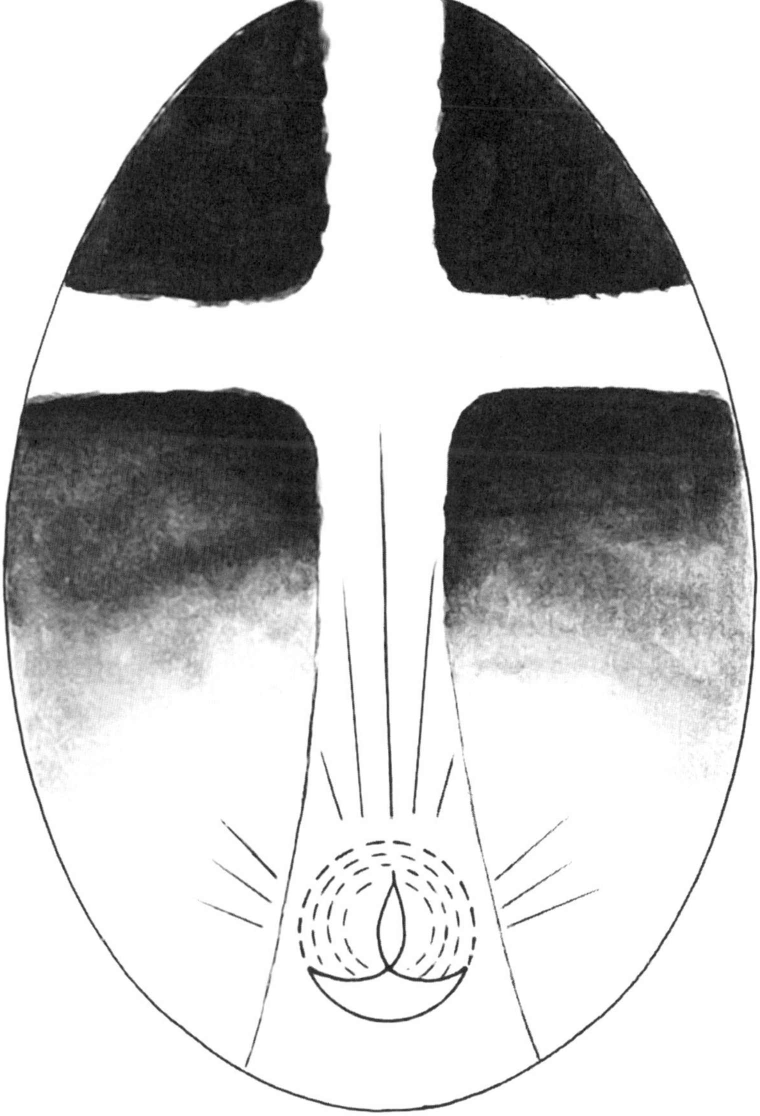

X.1

Unser Leidensweg

Geistliches Leben bedeutet, mit Gott unterwegs zu sein: dem göttlichen Geist Raum zu geben, damit er uns auf dem Lebensweg begleitet. Israel erfuhr Gott als *Yahweh*: Gott ist da, bei uns. In Jesus begegneten die Jünger dem *Immanuel*: Gott ist mit uns. In Krishna erkennen die Hindus den *Bhagavān*, den gnädigen Gott, der sie liebevoll wie eine Flöte in der Hand trägt. Die Muslime erfahren Gott als *Rahman*, den Barmherzigen, der ihnen die rechten Wege zeigt. Für die Buddhisten ist *Buddha*, der Erleuchtete, der Weg zur Befreiung. In allen Religionen gibt es die Grunderfahrung, dass das Göttliche als Heilbringer den Menschen auf dem Lebensweg begegnet und sie begleitet. Sich ganz auf den Weg Gottes einzulassen – das macht den Lebensweg zielbestimmt und angstfrei.

Wir begegnen Gott in einer intensiven Weise auf unserem Leidensweg. Wenn wir vom Leiden betroffen sind, erfahren wir unsere Vereinsamung und Ausweglosigkeit. Wenn wir von Krankheit oder Tod belastet werden, wenn wir in akute Notlage geraten oder von geliebten Menschen im Stich gelassen werden, schreien wir zu Gott: Warum lässt du dies in meinem Leben zu? Wenn große Erdbeben oder Flutwellen das Leben von Tausenden verschlingen, dann fragen wir: Wo ist denn Gott?

Wir dürfen das Ringen mit Gott um Heilssinn nicht unterdrücken, sondern sollen es zulassen. Am Kreuz schrie Jesus: »Mein Gott, mein Gott, warum hast du mich verlassen?« (Mt 27,46). Jesus hat die Gottverlassenheit, das tiefste Leiden des Menschen, erlitten. Ehrlichkeit mit sich selbst verlangt Betroffenheit von der eigenen Leidensgeschichte. Geistliches Leben befähigt uns, dem Leid ins Auge zu schauen.

Auf dem Leidensweg erleben wir Momente der *Dunklen Nacht der Seele*. In solchen Momenten der Ausweglosigkeit ist es wichtig, die inneren Gefühle zulassen zu können, den inneren Bewegungen des Geistes nachzuspüren. Jede Krise ist ein *kairos*, ein Moment der Gnade mit einer konkreten Herausforderung, neue Wege einzuschlagen. Jede Krankheit hat eine Heilsbotschaft. Aber um sie zu erkennen, brauchen wir das Gnadenlicht. Wenn das Leid im Heilssinn bejaht wird, hört es auf, bedrückendes Leid zu sein. Dann wird das Leid zum Kreuz, das zu neuem Leben führt. Tiefer kann ich nicht fallen, als auf den göttlichen Grund, der mich immer trägt und heilt.

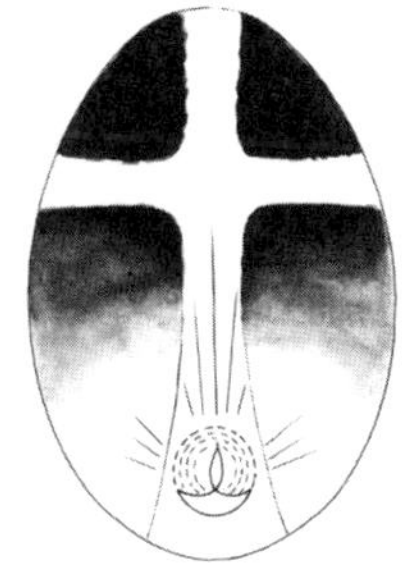

Wenn ich schwach bin,
dann bin ich stark.
2 Kor 12,10

Ich will dich von allem Übel befreien,
sei nicht betrübt.
Gita 18,66

Meditation

SITZ

Ich sitze aufrecht und innerlich gesammelt und komme zu einer leibhaften Stille.

BESINNUNG

Ich schaue ehrlich mein Leben an und versuche zu erkennen, was mich momentan bedrückt. Ich lasse die Gefühle in mir zu: Angst und Ausweglosigkeit, Vereinsamung und Verzweiflung. Ich nehme das Hadern mit mir selbst und das Ringen mit Gott bewusst wahr.

ÜBUNGSWORT

Wenn aus der Tiefe des Herzens ein Schrei zu hören wäre wie: ***Mein Gott, mein Gott, warum hast du mich verlassen***, lasse ich ihn zu. Ich nehme die ***Dunkle Nacht*** in mir an und vertraue mich ganz dem innewohnenden Christus an, der meinen Leidensweg kennt.

X.2

Gottes Leidensweg

Wir Menschen haben eine Art angeborenes Gottesbild, denn wir reden spontan von einem allmächtigen, allwissenden, in Herrlichkeit oben herrschenden Gott. Gehen wir mit diesem schönen Gottesbild auf den Kalvarienberg. Wir schauen den geschlagenen, gestaltlosen Gekreuzigten an, und im Glauben bekennen wir: Dieser ist Gott für uns! Da brechen alle unsere prachtvollen und eigenmächtigen Gottesbilder zusammen.

Das Kreuz zeigt uns nicht einen allmächtigen, sondern einen entmachteten Gott; nicht einen über unseren Köpfen thronenden Gott, sondern den, der sich erniedrigt (*kenosis*) und den Menschen die Füße wäscht. Am Kreuz erkennen wir nicht einen Gott, der jenseits der Geschichte herrscht, sondern den, der unsere Geschichte zu seiner eigenen gemacht hat. Es ist nicht ein Gott, der in der Höhe glückselig thront, wenn Millionen von Menschen im *Tal der Tränen* mit ihrem Schicksal kämpfen, sondern der Gott, der auf unserem Leidensweg mit uns geht. Dieser Gott kann nicht in seiner Allmacht die Leiden dieser Welt mit einem Machtwort wegzaubern, denn er ist selbst zum Opfer des Leidens geworden. Gott begegnet uns heute im Leiden der Menschen, in den Wunden der Erde. Dieser Gott spricht uns an und sagt: *Ich bin hungrig, ich bin durstig, ich bin krank, ich bin heimatlos* (Mt 25,35–36). Der leidende Gott geht mit uns auf unserem täglichen Leidensweg. Darum können wir in die Wunden unseres Lebens ehrlich hineinspüren und dort das Mitleiden Gottes erkennen (*Theopathie*).

Gott leidet mit uns, weil er uns liebt. Lieben heißt, vom Leiden des Geliebten betroffen werden. Nur ein leidensfähiger Gott kann Liebe heißen. Wenn Gott die Freiheit des Menschen bejaht, ist er von der Ausübung unserer Freiheit gebunden. Die Freiheit des Menschen ist die Ohnmacht Gottes. Diese Verletzbarkeit Gottes hat Jesus durch das Gleichnis des verwundeten Vaters verdeutlicht (Lk 15,11–32). Der Vater liebte den Sohn und respektierte dessen Freiheit, und darum war er von der Abwendung des Sohnes tief verletzt. Solange Menschen auf dieser Erde im Leid stecken, solange Unterdrückung und Ausbeutung das Leben erschweren, können wir sinnvollerweise nur von einem leidenden Gott sprechen. Die durch die Sünde der Menschen in Gott tief angelegte Wunde ist am Kreuz offenbar geworden. Darum ist der gekreuzigte Christus das der Welt zugewandte Gesicht des barmherzigen Gottes, hier und jetzt.

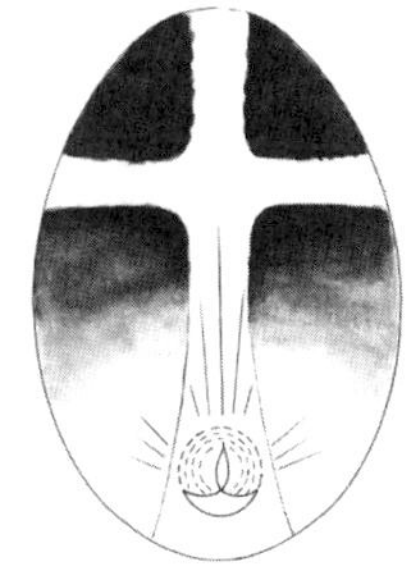

Die Botschaft des Kreuzes
scheint Torheit zu sein,
aber für uns ist sie
die Kraft Gottes

1 Kor 1,18

Aus dem Selbst-Opfer des Göttlichen
ist der Kosmos entstanden.

Śatapatha Brāhmana 13,7,1,1

Meditation

SITZ Ich sitze innerlich gesammelt und nehme die Situation, die mich belastet, deutlich wahr.

WAHRNEHMUNG Wenn es eine Hilfe ist, stelle ich ein Kreuz vor mir auf, sonst bleibe ich beim inneren Christusbild. Ich blicke vertrauensvoll auf den gekreuzigten Christus. Ich lasse die Gestalt des gekreuzigten Gottes auf mich wirken und erspüre die Gegenwart des leidenden Gottes. Ich spüre nach, wie Gott auf meinem Leidensweg mit mir geht und auf dem Leidensweg vieler anderer Menschen.

ÜBUNGSWORT Ich versuche den ergreifenden Sinn des Wortes zu spüren: ***Ich war hungrig …***

X.3

Die Verwandlung

Das Leben erreicht seinen letzten Sinn nicht im Leiden. Wenn jenseits des Leidens kein Heil ist, hat das Leiden selbst keinen Sinn. Daher ist es wichtig, dass wir mitten im Leiden fähig werden, über das Leiden hinaus die verwandelnde Gegenwart des göttlichen Geistes zu erkennen. Gott geht mit uns auf unserem Lebensweg als der mit uns leidende Gott, aber auch als der Gott, der mit uns das Leben neu gestaltet. Diese Erfahrung ist uns durch die Auferstehung Christi vermittelt.

Im auferstandenen Christus hat Gott das Reich des Todes überwunden und die Macht der Sünde gebrochen (1 Kor 15,54–57). Unsere Wunden werden geheilt, und die zerbrochene Welt wird mit Gott versöhnt. In Christus hat Gott uns zur Freiheit berufen (Gal 5,1). Über die Finsternis des Leidens hinaus erstrahlt das Licht des auferstandenen Christus auf unseren Lebenswegen. Der Glaube an den auferstandenen Christus gibt uns den Mut, *Ja* zum Leben zu sagen, trotz der zerstörerischen Mächte in uns und um uns. So wird unser Schrei aus der Not in eine Gelassenheit des Vertrauens umgewandelt.

Lieben heißt nicht nur mitleiden, sondern auch sich einsetzen, um den Geliebten aus dem Leiden zu befreien. Liebe verwandelt das Leiden zur Gnadenerfahrung. Auferstehung Christi ist die Offenbarung der neugestaltenden Kraft der Liebe Gottes: nicht der Allmacht Gottes, sondern des Durchströmens der göttlichen Kraft in die Verwandlung der Welt. Die gesamte Evolution der Welt geht auf die kosmische Auferstehung im Göttlichen zu (Röm 8,19–23).

Wir Menschen sind eingeladen, diesen Heilsprozess mitzugestalten. Wenn wir uns für Frieden, Gerechtigkeit und Bewahrung der Schöpfung einsetzen, nehmen wir Anteil am Werk des göttlichen Geistes. Wenn wir gegen die sündhaften Strukturen der Unterdrückung und Ausbeutung Stellung nehmen, tragen wir die prophetische Kritik Gottes in die Welt. Unser Einsatz für Heil und Harmonie in den vielfältigen Bereichen des sozialen Lebens, in der Familie oder Schule, in der Krankenstation oder Beratungsstelle – alles ist eine sakrale Aufgabe. Unser Engagement in Bereichen der Kunst oder Wissenschaft, Kultur oder Politik erhält eine heilige Dimension. So verleiht Auferstehung dem Säkularen eine sakrale Sinntiefe. Im Licht der Auferstehung leben wir in einem göttlichen Milieu. Der auferstandene Christus ist das der Welt zugewandte Gesicht des neugestaltenden Gottes hier und jetzt.

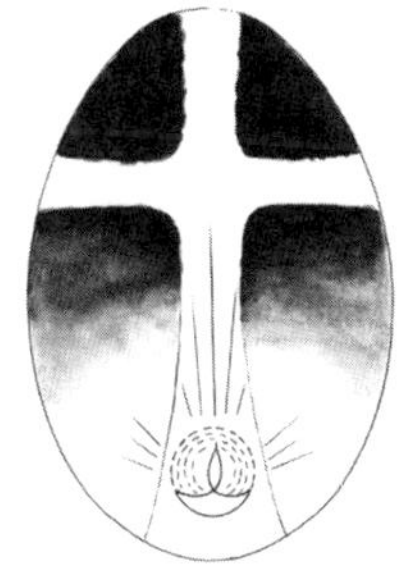

Das Alte ist vergangen,
und alles ist neu geworden.
2 Kor 5,17

Ich bin der, der alles
zum Wohlergehen führt.
Gita 9,22

Meditation

SITZ — Ich sitze innerlich gesammelt.

ATEM — Mit der Aufmerksamkeit auf meinen Atem nehme ich die Gegenwart des göttlichen Geistes in meinem Leib wahr: Gottes Atem atmet in mir und erneuert mein Leben.

WAHRNEHMUNG — Ich erlebe, wie der Geist die Finsternis in mir beseitigt und die Wunden heilt, wie er mich zu seinem Werkzeug macht, um der Welt Heil zu bringen. Ich lenke die Aufmerksamkeit auf einen konkreten Bereich meines Einsatzes für Menschen oder die Schöpfung. Ich versuche, meinen Dienst als Anteilnahme am Werk Gottes zu erkennen. Nicht ich bin eigentlich der Wirkende, sondern in mir wirkt der Geist des auferstandenen Christus, der durch mich die Welt neu gestaltet.

ÜBUNGSWORT — Ich lasse mich wandeln von den Worten: ***Zur Freiheit hat uns Christus befreit.***

X.4

Die Vergöttlichung

Wer bin ich? – dies ist die Grundfrage des geistlichen Lebens. Letztlich geht es um die Erkenntnis der göttlichen Dimension des menschlichen Seins. Der Weg zu dieser Erkenntnis ist der Weg zum Heil. Wir haben diese Heilserkenntnis durch Jesus Christus erhalten. Durch seine Verkündigung, durch seinen Tod und seine Auferstehung sind wir begnadet zu erkennen, dass wir Söhne/Töchter Gottes sind, denn im seinem Geist rufen wir *Abba*, Vater. »Sind wir Kinder, dann auch Erben, Erben Gottes und Miterben Christi« (Röm 8,14–17). Wir sind Zweige des göttlichen Baumes (Joh 15,5), Ströme des göttlichen Quellbrunnens (Joh 7,38), Glieder des göttlichen Leibes (Röm 12,5). In einem begnadeten Augenblick dürfen wir dann mit Paulus erkennen: »Ich lebe, nein, nicht ich, Christus lebt in mir« (Gal 2,20). Christus ist das eigentliche *Subjekt* unseres Wirkens (2 Kor 5,18–19).

Im Durchbruch zu diesem mystischen Bewusstsein erleben wir, was die christlichen Mystiker mit dem Wort Vergöttlichung (*Theosis*) bezeichnen. »*Theosis* heißt Anteilnahme durch die Gnade an dem, was in Gottes Natur vorhanden ist« (Johannes Damascenus, Expositio Fidei 88,18). »Das Wort Gottes wurde zu dem, was wir eigentlich sind, damit wir vollendet werden zu dem, was er eigentlich ist« (Irenäus, PG 7,1120). »Das Wort wurde Mensch, damit wir Menschen göttlich werden dürfen« (Athanasius, PG 25,192). »Gott ist Mensch geworden, damit der Mensch Gott wird« (Augustinus, PL 38,1997). »Christus nimmt Gestalt in uns durch den Heiligen Geist, der die Göttlichkeit in uns wiederherstellt« (Cyrill von Alexandrien, PG 75,1088). In Christus ist Gott Mensch geworden, um die in uns verborgene Dimension der Göttlichkeit wachzurufen.

Jesus wollte uns seine Tiefenerfahrung mitteilen und uns an dem innertrinitarischen Leben teilhaben lassen (Joh 14,20; 17,21–23; 2 Petr 1,4; 1 Joh 1,7). Christus ist die Gestalt der tiefen Einheit des Menschen mit dem göttlichen Seinsgrund, und durch ihn sind wir berufen, »von der ganzen Fülle Gottes erfüllt zu werden« (Eph 3,19). An ihm erkennen wir, wer wir eigentlich sind, zu welcher befreienden Erfahrungstiefe wir eingeladen sind, welcher Schatz in uns verborgen liegt. Erkenne, wer du bist; werde, der du bist: *Du bist göttlich!*

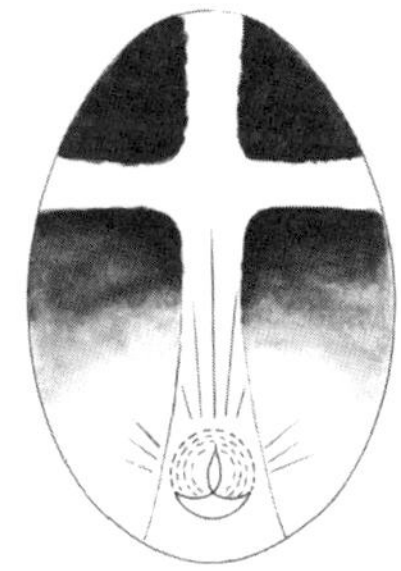

Wer Gott erkennt,

wird gottförmig.

Thomas von Aquin, ST I.12.5 ad 3

Wer Gott erkennt,

wird göttlich.

Mund. Up. 3,2,9

Meditation

SITZ — Ich sitze innerlich gesammelt und komme zur leibhaften Stille.

ATEM — Mit jedem Atemzug erlebe ich, wie der Geist Gottes meinen Leib zu seinem Tempel verwandelt, der Atem Gottes mein Leben erneuert.

BILD — Das Baumbild: Ich bin ein Zweig am göttlichen Baum. Wie der Zweig den Lebenssaft spürt, so erlebe ich den belebenden Strom des göttlichen Geistes, der die Göttlichkeit in mir herstellt. Oder das Bild des Quellbrunnens: Ich bin ein Rinnsal, das aus der göttlichen Quelle hervorfließt. Wie das Rinnsal den sprudelnden Strom spürt, so erlebe ich die Seinsdynamik des Geistes, der mich zum Kanal des göttlichen Lebens macht.

ÜBUNGSWORT — Ich lasse den Gehalt des Ausdrucks ***Ich bin göttlich*** auf mich wirken, oder ich wiederhole mit jedem Ein- und Ausatmen: ***Sō-ham*** (Ich bin ER).

X.5

Die neue Schöpfung

Der Geist des auferstandenen Christus verwandelt das Leben nicht nur in den Menschen, sondern auch im Kosmos. »Das Alte ist vergangen; Neues ist geworden« – so hat Paulus die kosmische Konsequenz der Auferstehung verdeutlicht (2 Kor 5,17). Die ganze Schöpfung wird vom Licht des Auferstandenen durchflutet. »Alles wird mit Gott durch Christus in Einklang gebracht« (Kol 1,20). »Gott versöhnt die Welt mit sich in Christus« (2 Kor 5,19). In jedem Atom schwingt die Kraft Christi, in jeder Lebenszelle pulsiert das Leben Christi. Die ganze Schöpfung erlebt eine universale *Christophanie*: Christi Gegenwart scheint durch alles hindurch. So gesehen ist die Auferstehung Christi das Vorzeichen und die Zusage der kosmischen Auferstehung, denn er ist der »Erstgeborene der neuen Schöpfung« (1 Kor 15,23). Alles wird zu seinem Leib verwandelt (Eph 1,10).

Eine Vision der endzeitlichen Integration finden wir auch in vielen spirituellen Traditionen. So sprechen die Buddhisten von der Buddha-Natur, die sich in allem entfaltet, und die Hindus vom Endzustand, in dem alles zu Śiva verwandelt wird. Im Judentum gibt es die Erwartung des endzeitlichen messianischen Reiches und im Islam die Hoffnung, dass alle Menschen zum Gehorsam dem einen Gott gegenüber gelangen.

Die Auferstehung Christi ist nicht einfach ein Geschehen der Vergangenheit. Sie öffnet die göttliche Tiefendimension des Heilvorganges in der Gegenwart. Der Geist des Auferstandenen schwingt im Kernbereich des Kosmos und verwandelt alles zu der *neuen Schöpfung*, (2 Kor 5,17–18). Die ganze Schöpfung befindet sich in einem Prozess der Anteilnahme an der Freiheit der Kinder Gottes an göttlicher Herrlichkeit. Alles wird von der Verfallenheit befreit und am Ende zum Leib Christ verwandelt; es ist wie ein kosmischer Geburtsprozess (Röm 8,19–23). Wir Menschen sind berufen, diesen Prozess mitzugestalten (2 Kor 5,18–21). Eucharistie ist eine sakramentale Vorerfahrung des Heilszustandes der Schöpfung: zum Leib Christi werden. Durch den dem Evangelium entsprechenden Einsatz für eine bessere Welt gestalten wir mit dem Geist des Auferstandenen »den neuen Himmel und die neue Erde« (Offb 21,1). Unser Wirken in den säkularen Lebensbereichen erhält dadurch einen sakralen Sinn.

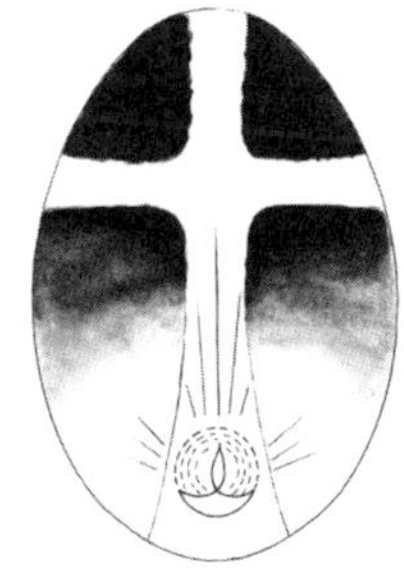

Am Ende wird Gott

alles in allem sein.

1 Kor 15,28

Dies alles wird

von Gott durchdrungen.

Isa Up. 1

Meditation

GEHEN Ich gehe auf einem einsamen Weg, innerlich gesammelt, aber mit allem tief verbunden.

ATEM Durch bewusstes Atmen spüre ich die innige Verbundenheit mit allen Wesen. Alle Wesen atmen *durch* die anderen Wesen. Ich erspüre, wie der Atem Gottes alles belebt.

WAHRNEHMUNG Ich nehme die Gegenwart des Geistes wahr, der alles belebt, erneuert und zu letztem Einklang führt. Der Kosmos ist der Leib Gottes, in dem alle Wesen eigentlich Teile voneinander sind. Mit Freude und Dankbarkeit erkenne ich, wie ich in diesen Heilprozess einbezogen bin.

ÜBUNGSWORT Ich verkoste die Sichtweise: ***Gott in allem sehen und alles in Gott sehen***, oder ich wiederhole: ***iśāvāsyamidam sarvam*** (Dies alles wird von Gott durchdrungen, Isa Up.1).

XI. Im Jetzt: Wir in Gott

Wohin führt letztlich der geistliche Weg? Wie sieht das Leben aus der göttlichen Mitte aus? Meister und Mystiker aller Religionen bezeichnen Barmherzigkeit als das Merkmal eines Menschen, der ein tiefes geistliches Leben führt.

Barmherzigkeit ist nicht einfach das Gefühl von Mitleid. Der barmherzige Mensch geht auf den anderen mit echter Liebe zu, in der lebendigen Gegenwart Gottes. Daher ist Achtsamkeit eine Grundvoraussetzung der Barmherzigkeit. Achtsam wird man nur, wenn innere Freiheit wächst durch einen einfacheren Lebensstil, Vertrauen auf die Führung Gottes und Einheit mit dem göttlichen Seinsgrund. Diese Grundeinstellungen des befreiten und befreienden Lebens sind in dieser Übungsreihe angesprochen.

Es wird empfohlen, diese Meditationen beim innerlich gesammelten Gehen zu üben. Damit wird der Weg von Innerlichkeit zum Einsatz in der Welt deutlicher erlebt. Alle unsere geistlichen Übungen sollen letztlich zu einer Kultur der Barmherzigkeit führen, denn »Gott will nicht Opfergaben, sondern Barmherzigkeit« (Mt 9,13).

- Ich löse mich von den inneren Blockaden.
- Ich wende mich im Vertrauen Gott zu.
- Ich erlebe die tiefe Einheit mit allem in Gott.
- Ich verweile ganz in der Gegenwart gegenwärtig.
- Ich erspüre, wie Gottes Barmherzigkeit durch mich hindurchfließt.

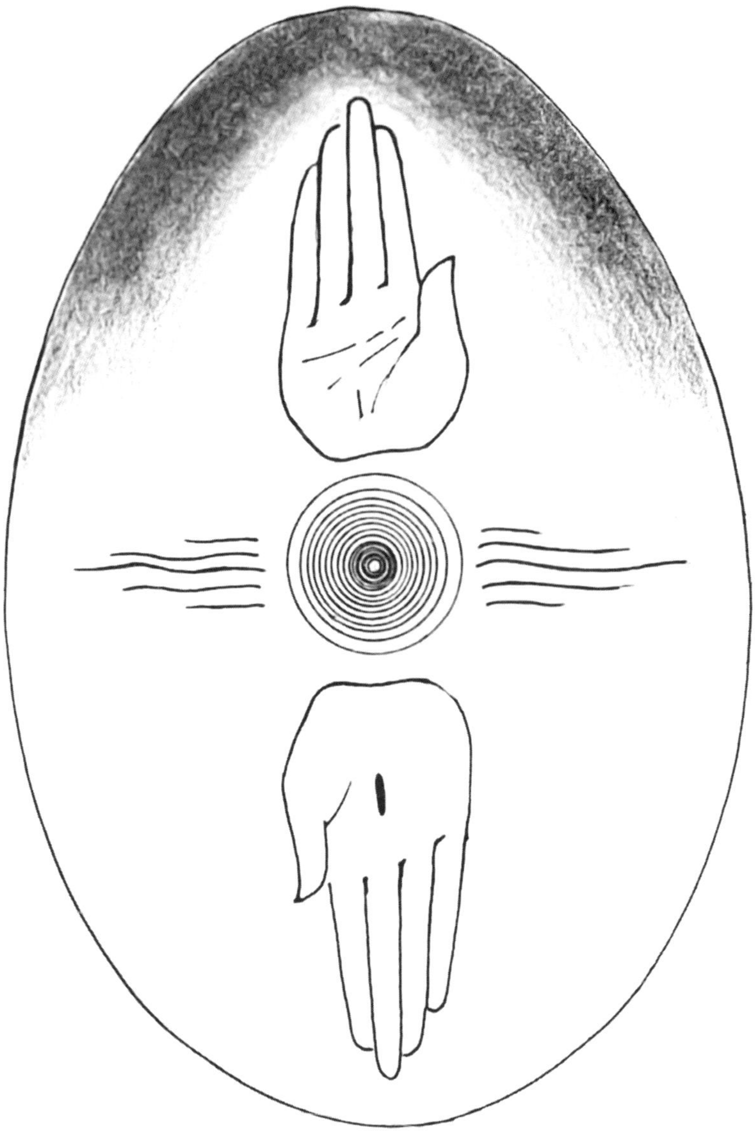

XI.1

Die Freiheit

Geistliches Leben ist wie eine Pilgerreise. Getrieben vom Geist Gottes, leben wir in einer ständigen Aufbruchsstimmung. Innerlich sind wir herausgefordert, das Gegebene loszulassen und uns auf das Neue hin zu öffnen, uns von den gewohnten Wegen abzukehren und uns auf neue geistliche Richtungen einzulassen. »Ich vergesse, was hinter mir liegt, und strecke mich nach dem, was vor mir ist« (Phil 3,13). Die Seinsdynamik des göttlichen Geistes ist der innere Antrieb. Auf der geistigen Pilgerreise geschieht eine Verwandlung des Bewusstseins: eine ständige Befreiung von der starren Ichhaftigkeit und die Verwirklichung des wahren Selbst im Einklang mit dem göttlichen Selbst.

Dem verwandelnden Geist Raum geben – darum geht es im geistlichen Leben. Dazu müssen wir viele Anhänglichkeiten aufgeben, die uns letztlich unfrei machen, und die Besitzgier überwinden, die das Leben unglücklich macht. Das Leben wird nicht dadurch besser, dass man im großen Vermögen lebt, sagte Jesus (Lk 12,15). Habgier ist die Ursache allen Leids, lehrte Buddha (Vinaya Pitaka). Aus der Habsucht entsteht eine Kette von Fehlverhalten (Bh. Gita, 2,62–63). Der Weg zur inneren Freiheit von Habgier führt uns durch Askese. Ohne Askese kommt man im geistlichen Leben nicht vorwärts. Askese besteht nicht in einer leibfeindlichen oder weltabgewandten Haltung; sie bedeutet eigentlich die Herstellung der Sakralität des Lebens. Durch Askese nehmen wir das Lebensumfeld nicht als Konsumsbereich wahr, sondern als den sakralen Ort der verwandelnden Wirkung des Geistes Gottes. Dann werden wir nicht die Dinge der Natur mit Habgier anhäufen oder Menschen zur eigenen Befriedigung missbrauchen. Wir werden sorgfältig mit den Gaben der Natur umgehen und sie gerecht verteilen, jeden Menschen achten und ihm zur Entfaltung verhelfen. Askese verleiht dem Leben Qualität in Freiheit und Freude.

Askese verlangt daher einen einfacheren Lebensstil, damit wir mit wenigen Dingen gut auskommen. Wenn man um angehäuften Besitz besorgt ist, kann man kaum dem befreienden Geist Raum geben. Die Konsumhaltung macht Menschen zu Sklaven der Begierden in uns und der Dinge draußen. Askese fördert eine Gegenkultur zum konsumorientierten Lebensstil. Nur der innerlich freie Mensch genießt das Leben wirklich; nur ein solcher Mensch *lebt*, alle anderen leben am wahren Leben vorbei.

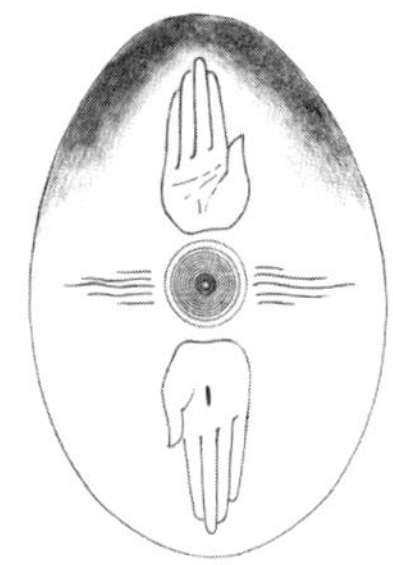

Wer sein Leben zu bewahren sucht,
wird es verlieren.

Lk 17,33

Verzichte
und genieße
das Leben.

Isa Up. 1

Meditation

GEHEN Ich gehe innerlich gesammelt auf einem einsamen Weg.

ATEM Mit Aufmerksamkeit auf den Atem komme ich zu einer tiefen Stille. Mit Vertrauen und Freiheit lasse ich mich in jedem Ausatmen los, damit die erfrischende Atemkraft in mich einfließen kann.

WAHRNEHMUNG Bewusst mache ich jeden Schritt nach vorne. Dabei erspüre ich, was es für mich bedeutet, den letzten Schritt hinter mir zu lassen, um überhaupt den nächsten Schritt tun zu können. So erkenne ich im bewussten Atmen und Gehen den Grundrhythmus des Lebens: das Lassen und Öffnen. Ich nehme meine Neigung zum Festhalten wahr, die die innere Freiheit blockiert. Ich frage mich, in welcher Form ich einen einfacheren Lebensstil entwickeln kann, damit ich innerlich frei bleibe.

ÜBUNGSWORT Am Anfang jedes Ausatmens sage ich innerlich: ***Los von mir.***

XI.2

Das Vertrauen

Vereinsamung ist eigentlich das tiefste Leiden des Menschen. Das Schicksal des Menschen wird oft mit einem Vogel im Käfig verglichen. Der Vogel versucht herauszufliegen und stößt ständig an die Gitter des Käfigs. So wird das gefangene Wesen immer mit seiner Grenze konfrontiert. Die Grenze als Grenze zu empfinden deutet die Grundausrichtung auf eine Welt, die über die Grenze hinausreicht. Der Vogel empfindet den augenblicklichen Zustand als bedrückend, weil er spürt, dass er für die Freiheit des Himmels geschaffen ist. In der existenziellen Vereinsamung spürt der Mensch, dass er auf das göttliche Du hin erschaffen ist. »Unruhig ist unser Herz, bis es in dir Ruhe findet« – so hat Augustinus die Ursehnsucht des Menschen ausgedrückt (Conf. 1).

Die in der tiefen Vereinsamung entstehende Sehnsucht ist auf Liebe und Geborgenheit im Seinsgrund ausgerichtet. Als personales *Ich* ist der Mensch auf das göttliche *Du* angelegt. Der Mensch sehnt sich nach einem personalen Gott, der ihm aus dem Seinsgrund des transpersonalen Göttlichen heraus begegnet. Er sehnt sich nach einem liebenden Wort, das in der Stille des Herzens erklingt, nach einer göttlichen Begleitung, die zur Freiheit führt. Und jede Religion versucht, diese Erfahrung der personalen Begegnung mit dem Absoluten zu vermitteln. Die Juden erkennen sie im Bund Yahwehs, die Hindus erfahren sie durch Śiva oder Krishna, die Buddhisten durch Buddha, die Muslime durch Allah, der durch den Koran spricht. Wir Christen haben diese heilbringende Ankunft Gottes in Jesus Christus erlebt. Eine solche Heilserfahrung verleiht uns Menschen Vertrauen. Vertrauen aber befreit den Menschen von Vereinsamung.

Nur das göttliche *Du* kann uns letztlich aus dem Gefangensein im kleinen *Ich* befreien. Dieses Vertrauen ist ein bedingungsloses Sichanvertrauen; dies ist Glaube. Das lateinische Wort für glauben, *credere*, heißt: das Herz geben (*cor dare*), sich ganz von innen öffnen. Glauben an das göttliche *Du* in Christus ist nicht Zuwendung zu einer außenstehenden Gestalt, sondern im tiefen Glauben erfahren wir, wie der Geist Christi uns von innen her begleitet und befreit (Gal 5,16). Christus ist der Name für *Gott-mit-uns* hier und jetzt. Unser Leben entfaltet sich durch Christus; unsere Zukunft nimmt auf Christus hin Gestalt an; unser Sein ist ein Werden in Christus.

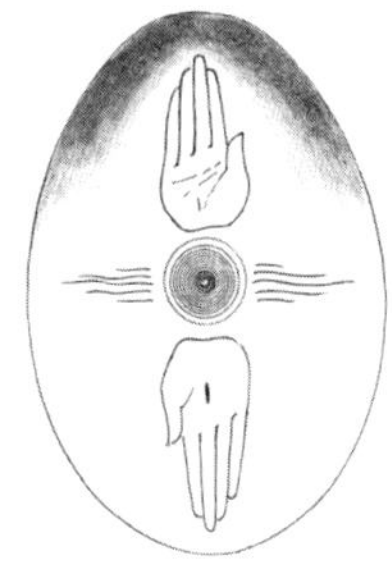

Wer mir nachfolgt,
wird nicht in Finsternis wandern;
er wird vielmehr
das Licht des Lebens haben.

Joh 8,12

Wenn du dich ganz
auf mich ausrichtest,
wirst du durch meine Gnade
alle Hürden überwinden.

Gita 18,58

Meditation

GEHEN Ich gehe innerlich gesammelt auf einem einsamen Weg. Mit Aufmerksamkeit auf den Atem komme ich zu einer leibhaften Stille.

WAHRNEHMUNG Ich nehme die tiefe Sehnsucht in mir nach Licht und Gnade wahr und sinne nach über die Erfahrungen der Nähe Gottes in meinem Leben. Ich stelle mir vor, dass Christus mich von innen her auf dem Weg liebevoll begleitet. Mit großem Vertrauen gehe ich meine Schritte mit ihm. Ich erspüre alles, was der Geist in mir in Bewegung bringt.

ÜBUNGSWORT Gegen Ende jedes Ausatmens sage ich innerlich: ***Hin zu dir.***

XI.3

Die Einheit

Vertrauen in den göttlichen Heiland beginnt mit einer Ich-Du-Beziehung, aber allmählich vertieft es sich in der Erfahrung der Vereinigung mit dem göttlichen Grund. Innere Begegnung mit dem göttlichen *Du* erreicht die Erfüllung in der Einheit mit dem göttlichen Selbst. Ich bin *vor* Gott, *in* Gott und letztlich *eins* mit Gott – dies sind die drei Erfahrungsdimensionen in geistlicher Versenkung. Die göttliche Gegenwart wird letztlich als die tragende, belebende und verwandelnde pure Präsenz erfahren. Man erfährt eine tiefe Einheit mit dem Seinsgrund, woraus, wodurch und worin das Leben sich entfaltet.

Mystiker aller Religionen versuchen diese tiefste Einheitserfahrung durch Symbole darzustellen. Wie ein Rinnsal mit dem Meer vereinigt wird, wie eine Flamme mit dem Feuer eins ist, wie ein Zweig mit dem Baum verbunden ist, wie ein Glied mit dem Leib in Einklang steht, so sind wir mit dem göttlichen Grund *eins*. Es ist keine statische Einheit der Innewohnung, sondern die dynamische Einheit des Ausfließens. Es geht hier nicht um eine Vernichtung des Einzelwesens, sondern um eine Verwandlung des Seienden im Seinsgrund, nicht um eine vergegenständlichende Denkart, sondern um eine Erfahrung der Alleinheit. In der tiefsten Wahrnehmung, dürfen wir erkennen: *Ich bin göttlich*. Die Seele kommt in Schwingung mit der innergöttlichen Seinsdynamik.

Jesus hat den Durchbruch zum tiefsten Bewusstsein erlebt: Ich und der Vater sind eins. Und zu dieser Einheitserfahrung hat Jesus uns eingeladen: Wie ich und der Vater eins sind, so sollt ihr auch mit uns eins sein (Joh 17,21–23). Unser Leben entfaltet sich *in Christus*. Christus ist die Wirklichkeit unserer tiefen gnadenhaften Einheit mit Gott im Jetzt.

Diese mystische Einheitserfahrung vertieft die innere Freiheit und Freude. In den Upanishaden wird Glückseligkeit (*ānanda*) als Gnade verstanden (Kath. Up. 2,20.23). Paulus spricht von Friede und Freude als Frucht des Geistes (Gal 5,22). Jesus versprach uns die Anteilnahme an seiner Herrlichkeit (Joh 17,24). Wenn wir uns mit dieser inneren Freude nach außen wenden, dann erfahren wir eine göttliche Alleinheit. Alles wird zu einer *Theophanie*.

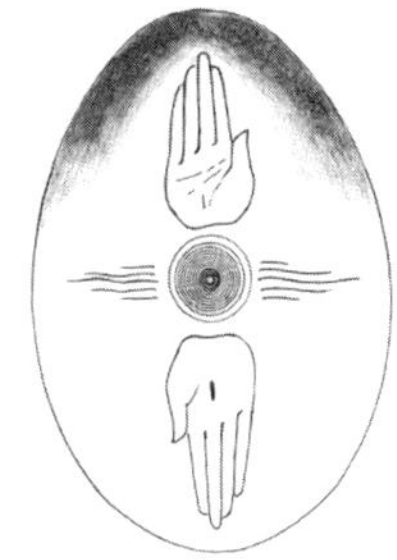

Wie du, Vater, in mir bist
und ich in dir bin,
sollen auch sie in uns sein,
vollkommen eins sein.

Joh 17,21.23

Wer mich liebt,
ist in mir
und ich bin in ihm.

Gita 9,29

Meditation

GEHEN Ich gehe innerlich gesammelt auf einem einsamen Weg.

ATEM Mit jedem Einatmen spüre ich die die Wirbelsäule entlang aufsteigende Atemkraft und mit jedem Ausatmen erlebe ich, wie die Atemkraft abwärts fließt und meinen ganzen Leib durchströmt. Ich erlebe weiter mit jedem Schritt, wie der Atemstrom nach außen fließt. Ich atme durch alle Lebewesen hindurch.

WAHRNEHMUNG Ich nehme die tiefe Einheit mit allen Wesen um mich herum dankbar wahr und darin die alles belebende Gegenwart des göttlichen Geistes. Gottes Geist verbindet und verwandelt alles. Mit tiefer Freude ahne ich die universelle Theophanie.

ÜBUNGSWORT Nach jedem Ausatmen spreche ich in die Atempause: ***Eins mit dir.***

XI.4

Die Achtsamkeit

Achtsamkeit bedeutet: Der Gegenwart ganz gegenwärtig zu sein. Eigentlich leben wir nur im gegebenen Augenblick. Das Vergangene liegt hinter uns, und das Kommende ist noch nicht in unserem Besitz. Alles, was wir haben, ist der augenblickliche Atemzug. Von Gegenwart zu Gegenwart entfaltet sich unser Leben. Wenn wir uns dieser Gegenwart anvertrauen, wenn wir die tiefe Einheit mit dem Grund erfahren, dann sind wir bereits in der Ewigkeit. Ewigkeit können wir ahnen als die göttliche Tiefendimension der Gegenwart (*nunc aeternum*). Wenn wir mit dem göttlichen Auge in die Tiefe schauen, schauen wir in den *Himmel* in uns. Achtsam sein heißt, die momentanen inneren Bewegungen des Heiligen Geistes zu achten.

Wenn wir uns aus der Erfahrung der Alleinheit den Dingen der Natur und den Menschen zuwenden, dann sind wir ihnen gegenüber sehr achtsam. Wir werden fähiger, uns total der Aufgabe zu widmen, die wir momentan erfüllen, den Menschen ganz ernst zu nehmen, dem wir gerade begegnen, und dem Gedanken volle Aufmerksamkeit zu schenken, über den wir jetzt nachdenken. Achtsamkeit überwindet Zerstreuung und verfeinert die Kraft der Konzentration. Sie beseitigt Müdigkeit und verstärkt Kreativität. Sie verleiht dem Alltag Farben und gibt unserem Einsatz schöpferische Fantasie. Sie befähigt uns, Gott in allen zu erkennen und alles in Gott zu sehen.

Achtsamkeit ist die Grundhaltung einer Kultur des Dialogs. Wenn wir achtsam den Gläubigen anderer Religionen begegnen, erkennen wir die Wirkung des göttlichen Geistes in ihren Herzen, die Schwingung des göttlichen Wortes in ihren Schriften, die Vermittlung der göttlichen Gnade durch ihre Symbole und die Entfaltung des *Reiches Gottes* in ihrem Leben. Wir betrachten die Gläubigen anderer Religionen als »mitpilgernde Schwestern und Brüder«. In großer Achtsamkeit teilen wir unsere geistigen Erfahrungen mit den anderen und gestalten mit ihnen die neue Welt des Friedens und der Gerechtigkeit. Was vor Gott gilt, ist nicht Leistungsfrömmigkeit, sondern Achtsamkeit.

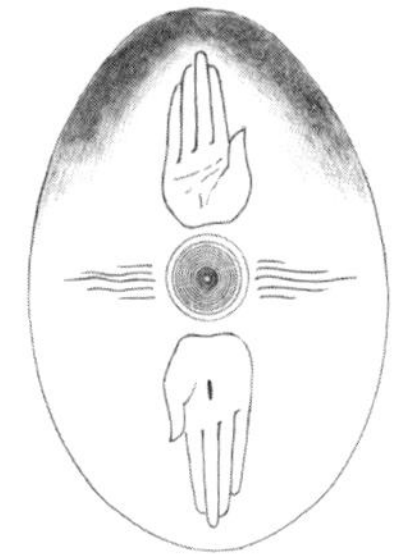

Sei wachsam!

Mt 25,13

Wer achtsam bleibt,
gelangt zur Erkenntnis
und in den Frieden.

Gita 4,39

Meditation

GEHEN Ich gehe innerlich gesammelt auf einem einsamen Weg.

WAHRNEHMUNG Ich versuche ganz in der Gegenwart zu verweilen. Ich nehme jeden Atemzug bewusst wahr: dankbar einatmen und mit Freiheit ausatmen. So versuche ich bei jedem Schritt der Gegenwart ganz gegenwärtig zu bleiben.

ÜBUNGSWORT Bei jedem Einatmen verweile ich auf dem Sinn: ***Neu aus dir.***

XI.5

Die Barmherzigkeit

Wenn wir uns innerlich der Gegenwart des göttlichen Geistes öffnen, erleben wir alle Lebewesen in dieser allumfassenden Gegenwart. In jedem Wesen, besonders in jedem Menschen, ist Gott gegenwärtig. Der Gott, den wir in der meditativen Stille der inneren Kammer erfahren, spricht uns auf dem Lebensweg draußen in der Welt an. Der mit uns mitleidende Gott, der sich im gekreuzigten Christus geoffenbart hat, ruft uns aus der Versenkung heraus, damit wir in der Welt Gott begegnen.

Durch Barmherzigkeit strömt eigentlich Gottes Liebe in und durch unser Herz. Als barmherzige Menschen sind wir Kanäle der gebärenden und ernährenden *mütterlichen* Liebe Gottes. Das Wort Barmherzigkeit (semitisch: *racchamim*) heißt eigentlich gebärende Mutterliebe. Im barmherzigen Umgang mit anderen erkennen wir, dass Gottes Geist durch uns die Welt neu gestaltet. Diese barmherzige Grundhaltung wollte Jesus uns vermitteln. Er wollte, dass wir in den Armen und Leidenden ihm begegnen und uns für die Befreiung der Notleidenden einsetzen (Mt 25,35): »Selig sind die Barmherzigen« (Mt 5,7).

Barmherzigkeit wird in allen Religionen als Weg zum Heil und als Kennzeichen eines befreiten Menschen gepriesen: »Barmherzigkeit ist das Merkmal der Buddhanatur, die in allem vorhanden ist« (Buddhismus, Mahaparinirvanasutta 259). »Sei freundlich und barmherzig zu allen Wesen« (Hinduismus, Gita 12,13). »Wichtiger als das Gebet ist Barmherzigkeit« (Islam, Koran 2,177). »Barmherzigkeit will Gott, nicht Opfergaben« (Judentum, Hosea 6,6). »Wo Barmherzigkeit ist, da ist Gott« (Sikhismus, Adi Granth, Salokkabir). »Wenn Barmherzigkeit verschwindet, tritt Menschlichkeit zurück«(Taoismus, Chaunachu 3,23). »Barmherzigkeit allein macht das Leben lichtvoll« (Jainismus, Panchastikaya 137).[17]

Bei echter Barmherzigkeit geht es nicht einfach um Mitleid oder Toleranz. Sie verlangt, dass wir den Mut haben, zu den unmenschlichen Verhaltensweisen und ausbeuterischen Strukturen ein deutliches Nein zu sagen. Der prophetische Mut zur Kritik gehört zur Barmherzigkeit. Wenn wir aus einem durch die Meditation vertieften göttlichen Bewusstsein heraus reagieren, dann ist unser Leben von der Kraft der mystischen Einheitserfahrung und vom Mut des prophetischen Einsatzes geprägt. Den Mystiker in uns beleben, den Propheten in uns wachrufen – darum geht es in einer integrierten Spiritualität.

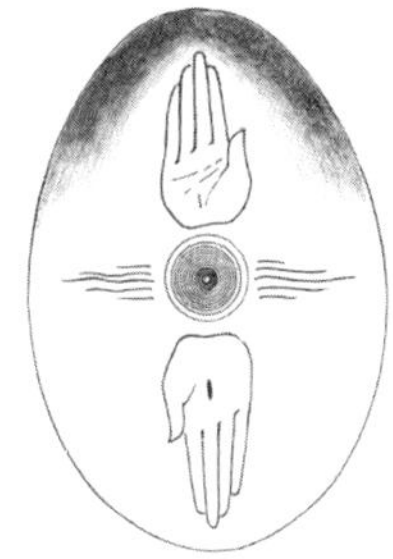

Sei barmherzig,
wie Gott barmherzig ist.

Lk 6,36

Sei barmherzig
zu allen Wesen.

Gita 12,13

Meditation

GEHEN Ich gehe innerlich gesammelt auf einem einsamen Weg. Ich nehme mir einige Minuten Zeit, um durch bewusstes Atmen der Gegenwart gegenwärtig zu sein.

WAHRNEHMUNG Ich erspüre die Gegenwart Gottes in allen Dingen um mich, besonders in den verwundeten Menschen und in der verletzten Schöpfung. Mit barmherzigen Augen schaue ich sie an.

ÜBUNGSWORT Mit Betroffenheit lasse ich mich wandeln von den Worten Jesu: ***Sei barmherzig, wie Gott barmherzig ist.***

Nachwort

Nach jahrelanger Praxis der Meditation kam der Schüler zum Meister und fragte:

»Was kann ich tun, um zur Erleuchtung zu gelangen?«

»So wenig«, antwortete der Meister, »wie du zum täglichen Aufgehen der Sonne etwas tun kannst.«

»Warum soll ich dann täglich so diszipliniert üben?«, fragte der verzweifelte Schüler.

»Damit du nicht schläfst, wenn die Sonne aufgeht«, war die Antwort des Meisters.

Wachsam bleiben – darum geht es in der Meditation. Achtsam leben – darum geht es im geistlichen Leben. Eine zunehmende Sensibilität für den Geist Gottes und eine wachsende Aufmerksamkeit für Menschen (und Natur) – so würde ich die Frucht der Meditationspraxis beschreiben. Es geht nicht primär um eine visionäre Innenerfahrung, sondern um die Vertiefung des Bewusstseins. Meditation eröffnet die göttliche Sinntiefe des Alltags und macht die barmherzige Zuwendung zu den Menschen (und zur Natur) zum Sakrament der Liebe Gottes.

Tief im Meer fragte der kleine Fisch den großen Fisch: »Wo ist das Meer?«

Der Große antwortete: »Du Kleiner, du schwimmst im Meer; erkenne es!«

Der kleine Fisch war mit dieser Antwort nicht zufrieden. Er schwamm weiter und fragte jeden: »Wo ist das Meer?«

So suchen wir Gott vor uns. Meditation hilft uns zu erfahren, dass wir in Gott sind, dass wir im göttlichen Meer leben, uns darin bewegen und darin atmen. Gott ist der Geist, in dem wir Gott als Subjekt erfahren: die innere Quelle, aus der wir leben, das Licht, in dem wir alles anders sehen, die Seinsdynamik, die alles in Bewegung setzt. Diese Erfahrung vertieft die Sinnqualität des Lebens.

Erkenne, wer du bist; werde, der du bist – dies ist der Ruf, den wir von innen her wahrnehmen können. Darum stellen wir auf dem Weg der Meditation ständig die Frage: Wer bin ich? Der Übende darf bei keiner Antwort stehen bleiben. Die Suche nach innen geht immer tiefer. In diesem Prozess entfaltet sich die mystische Erkenntnis: *Ich bin göttlich.* Darin treffen sich alle geistlichen Wege. Dem wahren Wesen nach sind wir Zweige des göttlichen Baumes, Teile des göttlichen Leibes, Wellen des göttlichen Meeres, Flammen des göttlichen Feuers.

In Christus ist Gott Mensch geworden, um das Göttliche in uns zu erwecken, damit wir das Göttliche in uns erkennen und verwirklichen können.

Ich bitte, dass Gott euch nach dem Reichtum seiner Herrlichkeit gebe, in eurem Innern durch seinen Geist an Kraft und Stärke zuzunehmen. Durch den Glauben wohne Christus in euren Herzen. In der Liebe verwurzelt und auf sie gegründet, sollt ihr zusammen mit allen dazu fähig sein, die Länge und Breite, die Höhe und Tiefe zu ermessen und die Liebe Christi zu verstehen, die alles Erkennen übersteigt. So werdet ihr mehr und mehr von der ganzen Fülle Gottes erfüllt!

Eph 4,16–19

Abkürzungen

Indische Schriften

Die Veden sind die ältesten Schriften Indiens, ca. 1200–900 v. Chr. entstanden. Die Upanishaden sind die Urquelle der östlichen Mystik, sie wurden ca. 900–400 v. Chr. verfasst. Über die Bhagavad Gita (300 v. Chr.) siehe Einführung zum Kapitel »Der Meister«.

Zur Aussprache der Sanskrit-Worte:

Ś	palatales s, ausgesprochen als sch (zum Beispiel Śiva)
ā ō ū	lange Vokale, ausgesprochen in verlängerter Lautform (zum Beispiel ānanda)

Ath. Veda	Atharva Veda
Brih. Up.	Brihadāranyaka Upanishad
Chand. Up.	Chāndogya Upanishad
Isa Up.	Isa Upanishad
Gita	Bhagavad Gita
Kath. Up	Katha Upanishad
Kena Up.	Kēna Upanishad
Maha. Up.	Mahānārāyaneeya Upanishad
Maitri Up.	Maitri Upanishad
Mand. Up.	Mandūkya Upanishad
Prasna Up.	Praśna Upanishad
Tait. Up.	Taitireeya Upanishad
Vinaya Pitaka	(Buddhistische Schrift)

Kirchenväter

Adv. Prax.	Adversus Praxean
PG	Patrologia Graeca, Migne, Paris
PL	Patrologia Latina, Migne, Paris

Anmerkungen

1 Für eine ausführliche Darstellung des Versenkungsprozesses: Sebastian Painadath SJ, Der Prozess der spirituellen Versenkung, in: Richard Rohr & Sebastian Painadath (Hg), Gott hat viele Namen, Vier-Türme-Verlag, Münsterschwarzach, 2011, 104–123.

2 Zitiert nach Adalbert L. Balling, Bäume. Freunde der Menschen, Marianhill, Würzburg 1992, 88

3 Zitiert nach Adalbert L. Balling, Bäume. Freunde der Menschen, Marianhill, Würzburg 1992, 65.

4 Hermann Hesse, Bäume, Insel, Frankfurt 1984, 10.

5 Neil Douglas-Klotz, Prayers of the Cosmos. Meditations on the Aramaic Words of Jesus, Harper, San Francisco 1990, 13.

6 Swami Sivananda, Sadhana, Divine Life Society, Sivanandanagar, 1985, 97.

7 Für eine ausführliche Darstellung der Mantra-Meditation: Sebastian Painadath & Rose Pudukadan, Das Herz in Schwingung bringen, Vier-Türme-Verlag, Münsterschwarzach, 2014, 36–43.

8 L´Osservatore Romano, 45, 1996, 8.

9 Dom Le Saux, Indische Weisheit – christliche Mystik. Von Vedanta zur Dreifaltigkeit, Rex, München 1968, 213f. (Henri Le Saux war ein französicher Benediktiner, der 1948 bis 1972 in einem Ashram in Südindien lebte.)

10 Mystische Theologie: Das göttliche Dunkel

11 Alexander Demandt, Über allen Wipfeln, Böhlau, Köln, 2002, 24.

12 Hugo Rahner SJ, Gottesgeburt, Zeitschrift für katholische Theologie, 59 (1935), 333–418.

13 Josef Quint (Hg.), Meister Eckehart. Deutsche Predigten und Traktate, Diogenes, München 1979, 185.

14 Karlfried Graf Dürckheim, Der Alltag als Übung, Hans Huber, Bern 1972, 73–118.

15 Für eine systematische Darstellung der Spiritualität der Gita: Sebastian Painadath SJ, Die Bhagavad Gita und christliche Spiritualität, in: Peter Schreiner, Bhagavad Gita. Wege und Weisungen, Benziger, Zürich 1991, 189–223.

16 Zu empfehlen sind die folgenden Ausgaben der Bhagavad Gita: Michael von Brück, Die Bhagavad Gita. Kommentiert von Bede Griffiths, Kösel, München 1993; Peter Schreiner, Bhagavad Gita. Wege und Weisungen, Benziger, Zürich, 1991; Anand Nayak (Hg.), Die Bhagavad Gita. In der Übertragung von Sri Aurobindo, Herder, Freiburg 1992

17 Zitiert nach: Andrew Wilson (Hg.), World Scripture. A Comparative Anthology of Sacred Texts, International Religious Foundation, New York 1991, 87–92.